Vita Sackville-West
Blumen in meinem Garten

VITA SACKVILLE-WEST

BLUMEN
IN MEINEM GARTEN

Aus dem Englischen von
Hedda Pänke
Mit Abbildungen von
Graham Rust

In Zusammenarbeit mit dem
National Trust

ULLSTEIN

Die Deutsche Bibliothek – CIP-Einheitsaufnahme

Vita Sackville-West:
Blumen in meinem Garten / Vita Sackville-West. Aus dem
Engl. von Hedda Pänke. Mit Abb. von Graham Rust. –
Berlin : Ullstein, 1997
Einheitssacht.: Some flowers < Dt. >
ISBN 3-550-08235-5

Titel der englischen Originalausgabe:
Some Flowers
© 1937 by Vita Sackville-West
Die englische Originalausgabe erschien 1996
bei Pavilion Books Limited, London
© der Illustration 1993 by Graham Rust
© des Vorworts 1993 by Stephen Dobell
Übersetzung © 1997 by Ullstein Buchverlage GmbH,
Berlin
Alle Rechte vorbehalten
Satz: Benens & Co., Berlin
Druck und Binden: Neue Stalling GmbH, Oldenburg
Printed in Germany 1997
ISBN 3 550 08235 5

Gedruckt auf alterungsbeständigem Papier mit chlorfrei
gebleichtem Zellstoff

Bilder
und Aufzeichnungen

Vorwort

Im Jahr 1937 veröffentlichte Victoria Sackville-West, die Frau des Parlamentariers und früheren Diplomaten Harold Nicolson, SOME FLOWERS, ein schmales Bändchen über ihre Lieblingsblumen.

Wenn es auch den Anschein haben mag, es handle sich hierbei um eine irgendwie amateurhafte Publikation, so ist das doch ein großer Irrtum. Vita Sackville-West war zu dieser Zeit schon eine bekannte Dichterin und Romanschriftstellerin. Und sie war eine erfahrene Gärtnerin, eifrig damit beschäftigt, das Gelände von Sissinghurst Castle in den berühmtesten und bedeutendsten Garten Englands zu verwandeln.

Vita Sackville-West wurde 1892 auf Knole House in Kent geboren, dem Familiengut Thomas Sackvilles, das ihm Elisabeth I. übereignet hatte, und größtem Privatbesitz in England. Dort wuchs sie als einziges Kind mit ihren

Eltern und ihrem Großvater Lord Sackville auf. Als snobistisches und despotisches Kind – wie sie später eingestand – hatte sie nur wenige Freunde und lebte größtenteils in ihrer eigenen Welt. Sie liebte das riesige, weitläufige Schloß mit seinen unzähligen Familienportraits und die Landschaft von Kent. In diesen Jahren entwickkelte sie eine tiefe Zuneigung zu historischen Zusammenhängen und ein ausgeprägtes Gefühl für Ortsverbundenheit, die sie nie mehr verließen.

Knole House war ihre erste große Liebe – später sollte sie von der ›Nabelschnur‹ schreiben, die sie mit ihm verband – und ihr größter Verlust. Als sie siebzehn Jahre alt war, starb ihr Großvater, und obwohl ihre Eltern ihr Recht auf das Schloß und den Titel in einem aufsehenerregenden Prozeß gegen seinen Neffen und seine illegitime Tochter erfolgreich verteidigten, wurde dieser Sieg für Vita von dem Wissen überschattet, daß der Besitz letztendlich an die männlichen Nachkommen – ihren Onkel und später den Cousin – übergehen würde und nicht an sie.

Auch wenn Vita unter diesem Verlust ihr ganzes Leben lang leiden sollte, schlug sie doch mehrere Heiratsanträge aus, die sie zur Herrin eines anderen großen Besitzes gemacht hätten, um sich für eine Liebesheirat zu entscheiden. Harold Nicolson, den sie 1910 kennenlernte, war ein glänzender junger Diplomat mit einer Leidenschaft für Literatur und Reisen, die ihrer eigenen ganz entsprach. Im Jahr 1913 heirateten sie und nach ihrer Rückkehr von einem diplomatischen Posten in Konstantinopel wurde bei Ausbruch des Ersten Weltkriegs auf Knole House ihr erster Sohn Ben geboren.

1915 kauften Harold und Vita Long Barn, ein stattliches ›Cottage‹ in der Nähe von Knole House, das sie noch erweiterten, indem sie eine Scheune hinzunahmen. Mit Hilfe des Architekten Edwin Lutyens entwarf Harold die Gartenanlagen, in denen die Klarheit und Ruhe seiner Gestaltung von Vitas von Instinkt geleiteten Art des Gartenbaus bereichert wurde. Unter den Einflüssen von Knole House, Italien und der Gärtnerin Gertrude Jekyll hatte ihr romantisches Temperament einen überschwenglichen, üppigen und natürlichen Gartenstil geschaffen, der in Sissinghurst seinen endgültigen Ausdruck finden sollte.

1918, ein Jahr nach der Geburt ihres zweiten Sohns Nigel, wurde die Ehe durch Vitas Entdeckung ihrer wahren sexuellen Neigungen gefährdet. Sie hatte bereits eine lesbische Affäre mit einer Jugendfreundin gehabt, aber das plötzliche Aufflammen ihrer Zuneigung zu Violet Trefusis und ihr leidenschaftliches Liebesverhältnis war ein *coup de foudre*. Die Geschichte ihrer Affäre, ihre Flucht nach Frankreich und die Verfolgung durch ihre Ehemänner hat Nigel Nicolson in seinem Buch PORTRAIT EINER EHE einfühlsam geschildert. Aus diesen Turbulenzen erwuchsen letztendlich Ruhe und Stabilität. Vita hatte noch weitere Geliebte, darunter Virginia Woolf, für deren Titelgestalt ihres Romans ORLANDO Vita Pate stand, aber keine stellte eine wirkliche Gefahr für ihre Ehe und ihre fruchtbare Partnerschaft dar. Harold hatte ihr bereits früher seine Homosexualität gestanden, und anstatt eine doppelte Belastung für ihre Ehe zu sein, erwiesen sich ihre parallelen Neigungen als deren Rettung. In der Erkenntnis, daß sie einander sehr viel mehr bedeuteten als die Beziehung zu jedem anderen Menschen, gewährten sie einander absolute Freiheit, Aufrichtigkeit und Vertrauen.

In Sissinghurst Castle, der elisabethanischen Ruine, die sie 1930 kauften, fanden sie eine Aufgabe, die sie für den Rest ihres gemeinsamen Lebens in Anspruch nahm. Sie restaurierten die erhaltenen Gebäude und machten sich daran, die Wildnis zu gestalten, die im Verlauf der nächsten drei Jahrzehnte einer der vollendetsten und charakteristischsten Gärten überhaupt werden sollte. Er war von Anfang an als harmonische Folge kleiner, umfriedeter Bereiche – des Cottage-, Rosen-, Kräuter- und des Nußgartens - im Gegensatz zum großen, friedlichen, vom Burggraben umschlossenen Obstgarten angelegt. Nach dem Zweiten Weltkrieg kam der Weiße Garten hinzu. Jeder der Gärten erhielt seinen eigenen Charakter, aber das Verschwenderische der Pflanzungen, die mit unendlicher Sorgfalt und absoluter Natürlichkeit angeordneten Farben, die überall eingestreuten Alten Rosen und die über Mauern fallenden rankenden Pflanzen, gaben ihnen einen einmalig persönlichen Ausdruck und ein Gefühl von Spontaneität und Romantik zugleich.

Über SOME FLOWERS sind in Victoria Glendinnings maßgeblicher Biographie über Vita Sackville-West nur wenige Zeilen zu finden, und – noch überraschender – in VITA'S OTHER WORLD, Jane Browns ansonsten so großartiger und umfassender ›Gärtnerinnen-Biographie‹, lediglich ein knapper Hinweis. Dennoch kann diese Sammlung von Blumenportraits in ihrer

11

Bescheidenheit im nachhinein als Meilenstein in Vitas Leben betrachtet werden.

Zu diesem Zeitpunkt hatte der Garten Gestalt angenommen und sollte an einem Wochenende im Juni des folgenden Jahres erstmals der Öffentlichkeit zugänglich gemacht werden. 1938 begann Vita, Artikel über Gärten für den NEW STATESMAN und andere Zeitschriften zu schreiben. Im selben Jahr wie COUNTRY NOTES erschienen sie gesammelt als Buch. Nach dem Krieg begann sie, eine wöchentliche Kolumne für den OBSERVER zu schreiben, die fünfzehn Jahre lang erschien und ihr eine große Anhängerschaft einbrachte. 1951 veröffentlichte sie das Buch IN YOUR GARDEN, eine Sammlung ihrer Artikel aus dem OBSERVER, die auch die meisten Blumenbeschreibungen aus SOME FLOWERS enthielt. Drei weitere dieser Sammlungen folgten, und 1968, sechs Jahre nach ihrem Tod, wurde eine Auswahl aus den vier Büchern unter dem Titel VITA SACKVILLE-WEST'S GARDEN BOOK veröffentlicht. (In Deutschland unter dem Titel AUS MEINEM GARTEN erschienen.)

Mit SOME FLOWERS gelang ihr auf Anhieb der Durchbruch als Gartenautorin. Mit einer scheinbar mühelosen Präzision zeichnet sie die beeindruckend ausdrucksstarken Portraits von fünfundzwanzig ihrer Lieblingsblumen: Erscheinungsbild, Eigenheiten und Wachstumsbedingungen. Es ist ebenso ein praktisches Buch, voller Erfahrungen und fundierter Ratschläge, wie eine literarische Glanzleistung; und es ist der ungezwungene Plauderton, mit dem sich eine Gartenenthusiastin an Gleichgesinnte wendet, der ihre Artikel so zugänglich und populär macht.

Vita Sackville-West beschreibt ihre Auswahl an Pflanzen für ihr Buch als die jener Blumen, die in Form, Farbe oder Textur besonders reizvoll erscheinen, »Blumen, die Maler begeistert haben oder zum Malen verführen sollten«. Es muß wenig befriedigend gewesen sein, sie lediglich auf Schwarzweißphotos festhalten zu können, die ihrer subtilen Schönheit ebensowenig gerecht werden, wie sie Vitas Worten ›entsprechen‹. Sie weist in ihrem Text sogar mehrmals auf die Mängel der Photographien hin – und das sind die einzigen Textpassagen aus dem Original, die in dieser Neuausgabe fehlen, da sie glücklicherweise überflüssig sind. Denn in Graham Rust hat der Herausgeber den idealen Illustrator für Vita Sackville-Wests Werk gefunden. Rust hat sich auf Wandgemälde und botanische Aquarelle spezialisiert, und in dieser Konzentration auf so Gegensätzliches wie Größenwirkung und Detail hätte sie sich ihm sicherlich verbunden gefühlt. Seine bezaubernden Darstellungen der Blumen spiegeln ihre Worte mit bemerkenswerter Klarheit wider und unterstreichen die Genauigkeit und Genialität ihrer Beschreibungen. Sie hätten ihr mit Sicherheit von Herzen Freude bereitet.

Stephen Dobell

EINLEITUNG

I

Dieses kleine Buch ist sehr persönlich und daher sehr willkürlich. Es enthält nicht mehr als gut zwei Dutzend der Pflanzen, die ich gern in meinem Garten ziehe, und auf den ersten Blick mag es so scheinen, als bestünde zwischen denen, die ich ausgewählt habe, keinerlei Verbindung. Aber ich hoffe zeigen zu können, daß es sie doch gibt. Das Buch wendet sich nicht an den professionellen, sondern an den Amateurgärtner. Dieses Land ist eines von Gartenliebhabern, und viele von ihnen sind es vielleicht leid, Jahr für Jahr das gleiche anzupflanzen wie ihre Nachbarn und halten Ausschau nach ein paar Besonderheiten, die ihre Brieftasche, Zeit und Kenntnisse nicht überbeanspruchen. Goldlack, Lupinen, Rittersporn und Löwenmäulchen können wir schließlich alle ziehen. Es liegt mir fern, auch nur eine dieser wertvollen Pflanzenarten abwerten zu wollen, aber für jeden wahren Blumenfreund kommt unweigerlich der

Augenblick, in dem sich seine Neigungen auch dem weniger geläufigen und alltäglichen zuwenden. Und an diese Gärtner denke ich. Obwohl die von mir ausgewählten Blumen verhältnismäßig leicht zu pflegen und preiswert zu erwerben sind, hat jede von ihnen etwas ganz Besonderes und ist damit eine Pflanze, die man nicht in jedem Garten finden wird.

Mit diesem Besonderen meine ich eine Pflanze, die verdient ›Malerblume‹ genannt zu werden. Damit will ich sagen, daß ihre Schönheit weder besonders auffällig noch prunkvoll ist und sich nicht auf den ersten Blick erschließt. Sie muß erkundet und nach ganz anderen Maßstäben bewertet werden als jene, die wir bei anderen Blumen zugrunde legen, wie beispielsweise bei einer Staudenrabatte ihre Farbenpracht im Hochsommer. Die von mir ausgewählten Blumen haben mit einer lediglich auf ihre Wirkung bedachten Gartenanlage nichts gemein, auch wenn sie (zumindest einige von ihnen) durchaus einen Platz in einer solchen finden können. Die Schönheit der von mir ausgewählten Blumen beruht vor allem auf dem Liebreiz ihrer Form, ihrer Farben, Musterung oder Struktur. Samt und sonders sind es Blumen, die sehr genau und aus großer Nähe betrachtet werden sollten, um in ihrer Eigenheit oder Schönheit wirklich geschätzt werden zu können. Es sind Blumen, die Maler begeistert haben oder zum Malen anregen sollten.

II

Es ist sehr schwer, über Blumen zu schreiben. Diese Wahrheit erkannte ich erst, als ich begann, es auszuprobieren. Zuvor hatte ich lediglich all jene kritisiert, die das gleiche versuchten wie ich. Nur zu oft regte ich mich über die unerträglich geschwollene Ausdrucksweise auf, die sich aller ansonsten ganz sachlichen und redlichen Gärtner zu bemächtigen scheint, wenn sie sich bemüßigt fühlen, ihr Wissen, ihre Erfahrungen und ihre Emotionen anderen, weniger kundigen Menschen mitzuteilen. Es kam mir so vor, als würden sie alle das gleiche unsympathische Vokabular benutzen, das dringend nach einem Wörterbuch verlangte – so zwanghaft und wiederkehrend waren die Begriffe, die sie verwandten.

Es ist sehr schwer, über Blumen zu schreiben. Überlegen Sie nur einmal, wie schwierig es ist, mit einfachen Worten die simple Tatsache auszudrücken, daß eine Blume gut riecht. Es gibt kein anderes Wort in schlichtem Englisch, um diese Eigenschaft zu beschreiben. Sagen wir ›sie riecht‹, deuten wir damit automatisch einen unangenehmen Geruch an. Um das Wort ›Geruch‹ nicht zu benutzen, sind wir gezwungen, auf die anspruchsvollen Begriffe ›Duft‹ oder ›Parfum‹ auszuweichen, die nicht im mindesten das vermitteln, was wir meinen, wenn wir sagen, daß eine Blume gut riecht? ›Sie riecht gut‹ ist immerhin eine ehrliche Aussage, und weder ›Duft‹, noch ›Parfum‹, ›Odeur‹ oder ›Aroma‹, kann sie ersetzen. Sie sollten alle in das besondere Wörterbuch der Autoren von Blumen- und Gartenbüchern verbannt werden, in dem ›kurios‹, ›niedlich‹ und ›gewinnend‹ einen ähnlich unehrenhaften Platz einnehmen.

Farben stellen eine weitere Falle dar. Nicht nur, daß es nahezu unmöglich ist, eine Farbe mit Worten treffend zu beschreiben, sieht man sich noch dazu gezwungen, den Ausdruck Farbe durch Umschreibungen wie ›Schattierung‹ oder ›Tönung‹ zu ersetzen, wenn man ständige Wiederholungen vermeiden will. Der Begriff ›Schattierung‹ ist nur statthaft, wenn er ganz gezielt und zutreffend angewandt wird – ansonsten unentschuldbar. Unter den botanischen Autoren, denen es gelang, die Farbeigenschaft von Blumen trefflich zu vermitteln, ragt Reginald Farrer hervor; und ausgerechnet ihm wurde vorgeworfen, zu lyrisch und rhetorisch zu schreiben. Zugegeben, er war ein ausgesprochener Stilist. Dennoch müssen seine Beschreibungen sowohl aufgrund ihrer poetischen Formulierungen als auch ihrer botanischen Präzision hoch bewertet werden. Man denke beispielsweise nur an seine Schilderung des Moments, in dem er erstmals den Enzian erblickte, der seinen Namen trägt – und das ist nur ein Absatz unter vielen, die hier angeführt werden könnten:

»Und ihre Schönheit! An diesem Tag konnte ich nichts von ihrem Wesen und künftigem Werdegang vorhersagen, als ich in verzückter Versunkenheit vor der Pflanze stand ... Ein zartes, feines Büschel, wie ein Gras, von dem ein halbes Dutzend Halme ausgehen – so wächst *G. farreri* ganz unscheinbar und unauffällig auf allen hochgelegenen Wiesen des Da-Tung ... Bis sie blüht; und Anfang September jeden Tag eine neue Farbexplosion der Wiesen herbeiführt. Denn jeder dieser dünnen Stengel endet in einer riesigen, nach oben gerichteten Trompete, prachtvoller als jede *G. gentianella,* ihr aber in Manier und Form im großen und ganzen ähnlich. Doch die Konturen sind anders, mit ihrer sanfteren Wölbung des Kelches und dadurch, daß er außen von purpurschwarzen Linien durchzogen ist, die lange Zacken von einem verschwommenen Immergrün-Blau von anderen in einem müden Nanking-Blaßgelb trennen. Innen sind Schlund und Kehle weiß, aber der Mund und die breite Blütenkrone sind von einem so strahlenden und intensiven Himmelblau, daß eine einzige Blüte selbst von der anderen Seite des Tales aus dem Gras zu Ihnen herüberleuchtet. Bei keiner anderen Pflanze, vielleicht mit Ausnahme von *Ipomoea learii* oder *Nemophila,* ist mir eine derart verblüffende Farbpräzision bekannt: Sie ist wie ein klarer Himmel bald nach Sonnenaufgang, grell und durchscheinend, als würde sie von innen heraus leuchten. Sie strahlt auf den hochalpinen Wiesen buchstäblich auf wie ein blauer Edelstein, ein leuchtender Türkis.«

Nun mag Ihnen dieser Schreibstil gefallen oder auch nicht. Ich sehe in ihm eine Glanzleistung, die mir sehr gefällt und mir etwas von der Erregung und der Begeisterung vermittelt, die den Autor beim Verfassen dieser Zeilen beflügelt hat. Sie gefällt mir um so mehr, als Farrer bei aller Erregung nie seinen Maßstab aus dem Blick verliert: »Bei keiner anderen Pflanze, vielleicht mit Ausnahme von *Ipomoea learii* oder *Nemophila …*« Er kann ebenso akkurat wie überschwenglich sein.

Und dann ist da D. H. Lawrence. Bei Lawrence denkt man nicht unbedingt an einen botanischen Schriftsteller, und doch war sich niemand der Schönheit der Pflanzen eindringlicher bewußt und fähiger, das Empfundene in Worte umzusetzen, als er. Der Kontrast zwischen seinen Beschreibungen und denen Farrers ist aufschlußreich: Farrer, halb Poet, halb Botaniker, Lawrence, ganz Poet. Hier spricht er von der roten Anemone, die er bezeichnenderweise ›Adonisblut-Anemone‹ nennt, während Farrer sie als *Anemone fulgens* beschrieben hätte:

»Kommt man im Sonnenschein an ihr vorüber, reckt sich ein plötzliches Scharlachrot in die Luft, eine der lieblichsten scharlachfarbenen Erscheinungen auf der Welt. An ihrer Innenseite ist die Blüte der Adonisblut-Anemone so weich wie Samt, und doch gibt es, anders als bei einer Samtrose, keine Spur von Flaum. Und auf dieser inneren Glätte strahlt die rote Farbe, vollkommen makellos und ohne Beispiel auf Erden, nicht irdisch und doch kompakt, nicht transparent. Wie es einer Farbe gelingt, derart kraftvoll und anmaßend zu sein und dennoch von einer Reinheit, die an kondensiertes Licht erinnert, aber nicht wirklich leuchtet, zumindest nicht durchscheinend, bleibt ein Rätsel. Das strahlende Glänzen der Mohnblüte ist transparent, und das vollendete Rot der Tulpe hat einen Hauch opaker Erdhaftigkeit. Aber die Adonisblut-Anemone ist weder durchscheinend noch opak. Sie ist von einem einfachen, reinen, verdichteten Rot, von einer Samtheit ohne Samt und einem Scharlachrot ohne Glut.«

Es gibt noch etwas, was Farrer und Lawrence trotz ihrer Unterschiede gemein haben: Beide schreiben leidenschaftlich, nicht rührselig. Für beide ist eine Blume ein lebendiges, pulsierendes Wesen mit Eigenschaften, die über die botanischen weit hinausreichen. Für Farrer scheint die Blüte seines Enzian, »als würde sie von innen heraus leuchten«. Für Lawrence strahlt die Anemone »die rote Farbe, vollkommen makellos und ohne Beispiel auf Erden« aus. Beide nähern sich der Blume, als wäre sie etwas Mystisches, und vergleichen sie mit einer fremdartigen Schönheit, die in solcher Vollkommenheit nur in einer anderen, unbekannten Welt zu finden ist. Aber keiner von ihnen gerät darüber in rührseliges Schwelgen. Beide bewegen sich auf einer ganz anderen, höheren Ebene.

III

Aber all das hat mich von meinem eigenen Buch und den Schwierigkeiten abgebracht, denen ich mich beim Schreiben ausgesetzt sah. Und diese Schwierigkeiten nahmen zu, wie ich herausfand, weil ich sehr verdichtet schreiben mußte, um die Schilderung der Schönheiten mit praktischen Ratschlägen zu verknüpfen: Blütenblätter mit Schnecken, Liebreiz mit Dünger, Üppigkeit mit Hinweisen für fachgemäßes Beschneiden. Erfolgreiches Gärtnern setzt sich aus allen diesen Dingen zusammen, und ein guter Gärtner muß auch Realist sein. Aber wenn man versucht, das auf nur zwei Seiten zusammenzufassen, müssen die Inhalte notwendigerweise miteinander kollidieren. Daher habe ich mich bemüht, eine Vorstellung vom Erscheinungsbild der Pflanze wie auch der Art und Weise zu geben, auf die man sie behandeln muß, und die Gefährdungen zu benennen, denen sie besonders ungern ausgesetzt werden möchte. Das war weder leicht noch befriedigend.

Noch ein weiteres Wort der Erklärung sollte ich geben. Wenn ich hier und da empfohlen habe, Pflanzen eher in Töpfen oder Schalen zu ziehen als in Beeten oder Rabatten, dann liegt das nicht daran, daß ich besonders empfindliche Pflanzen ausgewählt hätte, sondern ist vielmehr darin begründet, daß eine kleine Blume im Dschungel zwischen ihren robusteren Nachbarn im Freien leicht untergeht oder durch Regen oder Erde derart beschmutzt wird, daß die Hälfte ihrer Anmut zunichte ist. Um sich an ihrer Schönheit ganz erfreuen zu können, sollte sie isoliert stehen, sollten ihre Blüte und die Blätter die Möglichkeit zur vollen Entfaltung bekommen. Aus diesem Grund habe ich dann und wann auch geraten, die Blüten zu schneiden und ins Haus zu holen. Die meisten (nicht alle) meiner Blumen sind intime Pflanzen, die gewinnen, wenn man sie aus der Nähe betrachtet; und das ist nur möglich, wenn man den Topf oder die Vase vom Tisch nimmt und sie gelegentlich, in Momenten, in denen man gerade nichts anderes zu tun hat, anschaut.

BLUMEN
IN MEINEM GARTEN
DIE AUFZEICHNUNGEN

HAMAMELIS MOLLIS
ZAUBERNUSS

Hamamelis mollis ist vielen Menschen vermutlich als Ingredienz von Gesichtswasser oder
Heilsalbe bekannt, für den Gärtner aber ist es
ein kleiner, strauchartiger Baum, der seine
nackten Äste im Spätwinter mit bandförmig gedrehten Blüten bedeckt. Allen Bäumen, die vor
dem Blattaustrieb blühen, beispielsweise Man-
del- und Judasbaum (*Cercis*), ist ein besonderer
Zauber eigen. Sie verfügen über eine Klarheit
der Linien, die von keinem Blättergewirr gestört
wird, gestatten uns, das zarte Flechtwerk der
Zweige zu bewundern, und schenken uns gleich-
zeitig ein wenig Farbe. Die Zaubernuß ist ohne
Zweifel ein Strauch, den jeder in seinen Garten
pflanzen sollte, denn er hat viele nützliche
Tugenden; und sollte er doch irgendwelche
negativen Eigenschaften haben, dann sind sie
zumindest mir bisher entgangen.

Der chinesische Vertreter der *Hamamelis (H.
mollis)* ist der widerstandsfähigste der Familie,

die darüber hinaus zwei weitere aus Amerika (*H. virginiana* und *H. vernalis*) umfaßt sowie einen aus Japan (*H. japonica*). Er ist absolut winterhart, und selbst die Blüten nehmen bei strengem Frost keinen Schaden. Er bevorzugt einen sonnigen Platz mit genügend Raum zur Entfaltung; und wenn er sich auch für einen mageren Boden nicht dadurch rächt, daß er auf der Stelle eingeht, sondern selbst gegen den klumpigsten Lehm vehement ankämpft, ist er doch dankbar für eine Zugabe von Laubhumus. Eine weitere Tugend der *Hamamelis mollis* besteht darin, daß sie schon in frühem Alter zu blühen beginnt und uns so die ermüdenden Jahre des Wartens darauf erspart, daß die Pflanze eine gewisse Höhe erreicht, um endlich mit der Tätigkeit zu beginnen, um deren Willen wir sie so schätzen. Wir können von Anfang an Zweige für das Zimmer schneiden, und es gibt kaum etwas, was in dieser blütenarmen Jahreszeit wünschenswerter wäre. Um Neujahr herum steht sie unter Umständen schon in voller Blüte, vielleicht sogar schon zu Weihnachten. Die eigentümlich gedrehten gelben, weinrot überhauchten Blütenblätter halten sich in der Vase gut zehn Tage, besonders dann, wenn sie knospig geschnitten werden. Und sie duften noch betörender, als man es draußen in der kalten Winterluft für möglich gehalten hätte. Sogar so köstlich, daß der Besitzer eines kleinen, jungen Strauches den Tag herbeisehnt, an dem er größere Äste schneiden kann als die spärlichen Zweige, mit denen er sich zunächst begnügen muß. Aber schon jedes dieser Zweiglein gibt sein Bestes, indem es der ganzen Länge nach aufblüht.

Die Blätter kommen später, zur üblichen Zeit, und wir können unsere Zaubernuß in all den langen Monaten getrost vergessen, in denen uns so viele andere Pflanzen Blüten in unserem Garten und für die Vasen schenken. Wir brauchen uns erst wieder an sie zu erinnern, wenn der Überfluß versiegt, und wir hinausgehen, um verzweifelt nach etwas Ausschau zu halten, was uns im Haus Gesellschaft leisten könnte. Und da sind sie dann wieder, die lockigen, gelben Blüten, bereit, den Raum mit ihrem Duft zu erfüllen und ein Leuchten auf unseren Tisch zu bringen.

Iris unguicularis

Diese zarte und anmutige Algerierin sollte eine abseitige Ecke in jedem Garten erhalten. Ich spreche deshalb von abseitig, weil niemand so tun kann, als wäre das unordentliche Gewirr langer Blätter etwas, was man länger als nötig betrachten möchte. Diese Pflanze zieht man, um ihre Blüten schneiden zu können, und wir werden in den eintönigsten Monaten des Jahres reich belohnt, wenn wir ihr die Bedingungen schaffen, die sie gern hat.

Erfreulicherweise sind diese Bedingungen so simpel, daß sie an Vernachlässigung grenzen. Bei aller Zartheit der Erscheinung ist die Algerierin ausgesprochen zäh und gedeiht auf einer Art Müllhalde am besten. Pflanzt man sie in fruchtbare Erde oder läßt sie Dünger auch nur aus der Ferne zu Gesicht bekommen, wird es zwar eine reiche Ernte an Blättern, aber keine einzige Blüte geben. Setzt man sie jedoch in nichtswürdigen Schutt wie Ziegelbrocken und

Kies unter Beigabe von altem, kalkreichen Mörtel, den vielleicht Bauarbeiter zurückgelassen haben, erhalten Sie von Januar bis März eine solche Blütenvielfalt, daß Sie damit jede Vase im Haus füllen können. Kalk ist wichtig, ansonsten ist jedoch ein permanenter Hungerzustand buchstäblich alles, was diese Iris von uns verlangt. Die schönsten, die ich je gesehen habe, wuchsen unter solchen Bedingungen: in England auf einem Kiesweg mit einem Bett aus Asche und in Italien am Rand einer unwirtlichen Steinmauer. Ich stocherte im Boden herum und bemerkte dabei die extreme Trockenheit und Drainage des Standorts. Es gab absolut keine Erde, in der sich diese Pflanze ihrer schändlichen Gewohnheit zum Luxusleben hätte hingeben können, wie sie es tut, wenn sie nur Gelegenheit dazu erhält.

Am Fuß einer warmen Südmauer gefällt es ihr in diesem sonnenarmen Land am besten. Denken Sie daran, daß die Iris jeden Sonnenstrahl braucht, den sie bekommen kann; also setzen Sie ihr keine höheren Pflanzen vor die Nase, und schneiden Sie im Mai oder Anfang Juni die Blätter zurück, um es den kräftigenden Sonnenstrahlen zu ermöglichen, ins Innere der Rhizome vorzudringen. Sollte es sich bei der

Südmauer zufällig um die Wand eines Gewächshauses handeln, hinter der Warmwasserleitungen verlaufen, werden Sie vermutlich bereits zu Weihnachten Blüten schneiden können. Und wenn Sie diese Iris an eine andere Stelle versetzen wollen, dann sollte das möglichst im September geschehen. Aber nehmen Sie sie auf jeden Fall im Stück auf, denn sie haßt es, gestört zu werden. Nehmen Sie sie so aus der Erde, daß sie es nicht bemerkt, reißen Sie sie nicht in der Absicht auseinander, aus einer Pflanze vier zu machen. Wenn Sie das tun, wird sie sich insofern rächen, als daß sie für wenigstens zwei Jahre keine einzige Blüte hervorbringt.

Die Blüte, die sich so überraschend aus dem Wirrwarr ihrer ungeordneten Blätter erhebt, ist von hellvioletter Farbe und zarter Textur. Aber der eigentümliche Umstand, daß sie sich mitten im Winter zeigt, läßt sie bei weitem absonderlicher erscheinen, als sie tatsächlich ist. Aus der Nähe betrachtet ist sie nicht wirklich fein. Es ist keine Blüte, die beim Blick durch ein Vergrößerungsglas gewinnen könnte. Dennoch liebt man sie für ihre vorzeitige Blüte; es ist wunderbar, so zarte Wesen aus dem Schnee hervorbrechen zu sehen. Man liebt sie, aber bedauerlicherweise lieben sie die Schnecken auch.

Nichts lockt diese Tierchen so unweigerlich aus ihren Winterschlupfwinkeln wie eine fest geschlossene Knospe der *Iris unguicularis*. Also stellen Sie Ihre Fallen rechtzeitig auf, seien es halbe Orangen oder Häufchen von Kleie oder pulverisiertem Meta (vielleicht die beste Methode, da das Pulver die Schädlinge sowohl anlockt als auch tötet), und suchen Sie die Bestände täglich ab. Man kann die Knospen auch dann schon schneiden, wenn sie noch so fest zusammengerollt sind wie ein neuer Regenschirm. Im warmen Zimmer kann man dann tatsächlich zusehen, wie sich die Blütenblätter entfalten. Dieses Vergnügen bietet sich uns nicht häufig – es sei denn in diesen Zeitrafferfilmen über wachsende Kapuzinerkresse oder Wildblumen, die unter einer Hecke nach oben und ins Leben drängen.

Iris reticulata
Netziris

Wenn die Blumen im Sommer so dicht an dicht blühen, daß man kaum weiß, welche man pflücken soll, vergißt man sehr leicht die eintönige, kalte Zeit, in der die Erde ein Knauser ist und uns nur eine oder zwei anbietet, die man nehmen kann oder auch nicht. In Schals und Mäntel gehüllt wagen wir uns hinaus, um nach einem vereinzelten Zweig Winterjasmin Ausschau zu halten, einer fleckigen Christrose, einem voreiligen Veilchen – etwas, irgend etwas, um ein einsames Glas mit einer Andeutung von Frühling zu füllen, lange bevor es tatsächlich soweit ist. Da gibt es natürlich die Zwiebeln, die man den Anleitungen in Gartenbüchern und Katalogen zufolge sorgsam in Holzasche getaucht und an einen dunklen Ort verbracht hat, aber jede Blume, die vor ihrer Zeit zum Blühen gezwungen wird, hat immer etwas Künstliches an sich. Auch wenn wir uns nicht zu den Wohlhabenden zählen, die sich eher leidenschaftslos von einem Blumengeschäft ihre Räume zu Weihnachten mit Flieder und zu Neujahr mit Tulpen bestücken lassen, besteht meiner Ansicht nach ein großer Unterschied zwischen den Blumen, die wir vorzeitig zum Blühen bringen, und jenen, bei denen wir die Geduld nicht verlieren und auf ihre natürliche Blütezeit warten. Zum einen verdirbt uns jede vorgetriebene Blume ein wenig von der Freude an ihrer Nachfolgerin im Freien, zum anderen hat sie stets etwas von einer Imitation an sich, wie willkommen sie auch sein mag. Diesen Argumenten kann sich der wahre Blumenfreund letztendlich nicht verschließen.

Als Folge davon begrüßen wir jede Blume, die uns das Winterdunkel aus eigener Kraft erhellt, ganz besonders. Je zarter und unwirklicher sie aussieht, um so besser. Eine solche Blume ist die *Iris reticulata*. Es erscheint unwahrscheinlich, daß etwas so Fröhliches, Graziles und Leuchtendes die Unbilden des Winters tatsächlich den Annehmlichkeiten des Frühlings vorziehen soll. Wir können die *Iris reticulata* in Töpfen unter Glas kultivieren, wenn wir das wollen, und das Ergebnis wird höchst befriedigend und ansehnlich ausfallen. Die weit erfreulichere Tugend dieser Iris besteht jedoch darin, daß sie

bereits im Februar im Freien zu blühen beginnt, und das ganz ohne jedes Vortreiben und Verzärteln. Sie öffnet ihre goldgefleckten purpurfarbenen Knospen selbst über einer Schneedecke. Ihr idealer Standort ist eine mit guter Erde angereicherte aber durchlässige Nische zwischen Steinen – ein Platz, der ihr für die kurze aber wohltuende Zeit ihrer Vollendung ganz allein gehört.

Iris reticulata – die Netziris. Aber nicht die Blüte, sondern die Zwiebel zeigt ein Netzmuster. Die Zwiebeln sind von einer faserigen Schicht umgeben, wie von einem Fischernetz in Miniatur. Sie ist im Kaukasus heimisch und hat eine Besonderheit: Die dortige Urform ist rötlich, während die europäische Gartenart ein düsteres Purpur aufweist. Den Botanikern, darunter auch W. R. Dykes, der größten Kapazität auf dem Gebiet der Gattung Iris, hat diese Mendelsche Eigenschaft Rätsel aufgegeben. Dykes erhielt rötliche Iris aus dem Kaukasus, die im Garten purpurfarben erblühten, und doch waren die Keimlinge dieser Gartenform stets wieder rötlich. Erst in der vierten Generation erhielt er die purpurne Farbe, und selbst die fiel geringfügig anders aus als die des gewöhnlichen Gartentyps.

Es ist eher unwahrscheinlich, daß einer von uns mit eigens gesammelten Samen auf diese Weise experimentieren will; dennoch möchte ich all jenen vorschlagen, es auszuprobieren, die entsprechende Neigungen und genügend Zeit zur Verfügung haben. (Ein Wort der Warnung an diese Enthusiasten: Sie werden vom Säen bis zum Erblühen der Zwiebeln mindestens vier Jahre warten müssen.) Inzwischen empfehle ich, daß jeder Blumenfreund irgendwo in seinem Garten eine kleine Fläche mit *Iris reticulata* bepflanzt. Darüber hinaus möchte ich seine Aufmerksamkeit auf eine Varietät, die *I. reticulata* Cantab, lenken, die zur Zeit noch recht teuer (ein Pfund pro Zwiebel), aber so himmelblau ist wie eine *Gentiana verna*. Diese Kostbarkeit sollte jedoch besser in einem Topf unter Glas gezogen werden. Es wäre zu schade, sie zu kaufen und dann einbüßen zu müssen.

FRITILLARIA IMPERIALIS
KAISERKRONE

Wie alle Vertreter dieser Familie, hat auch der stattlichste von allen die Angewohnheit, den Kopf hängen zu lassen, so daß wir ihn anheben müssen, um überhaupt in ihn hineinschauen zu können. Dann erst und nur dann kann man die feine Maserung der Blütenglocken wahrnehmen. Allein dieser Aderung wegen lohnt sich ein Blick in die gelben Tiefen, besonders, wenn man die Blüte gegen das Licht hält und das komplizierte Geflecht von Adern und Kapillaren vollständig sichtbar wird. Man muß die Blütenblätter jedoch so weit zurückbiegen, daß die verschwiegene Glocke einer sternförmigen Dahlie ähnelt, um die sechs kleinen Schalen am Ende jedes Blütenblatts vor einem Hintergrund aus dumpfem Purpur und hellem Grün betrachten zu können, bis zum Rand mit wäßrigem Nektar gefüllt, ohne überzufließen. Erfreulicherweise nimmt sie diese Behandlung nicht im geringsten übel, sondern läßt sich wieder zu der ihr eigenen Glockenform schließen, mit den hellgelben, pollenbedeckten Klöppeln ihrer Staubfäden in der Mitte.

Unter Umständen könnten es mir einige Menschen verübeln, daß ich die Kaiserkrone in den Kreis meiner ›Malerblumen‹ aufnehme. Aber sie erinnert mich stets an die steifen, gotisch wirkenden Blumen, die man mitunter auf den Bordüren mittelalterlicher Wandteppiche, unter eklatanter Mißachtung der Jahreszeiten, in Gesellschaft von Iris und Lilien findet. Pflanzt man sie in einer langen Reihe vor eine Stein- oder Ziegelmauer, wiederholt sich dieser Eindruck seltsamerweise. Bemerkenswert ist dabei auch, wie gut sich das Orange der Blüten mit dem Rot des Backsteins verträgt, weit besser als alle Rosatöne, die man gewöhnlich vor eine solche Mauer plazieren möchte. Der Hinweis sei noch angebracht, die Zwiebeln besser mit Handschuhen anzufassen, da sie intensiver als Knoblauch riechen.

Ich hatte einmal das unverhoffte Glück, einer Kaiserkrone an ihrem Standort in freier Natur zu begegnen. Es war in einer dunklen, feuchten Schlucht in einer der wildesten Gegenden Persiens, an deren Fuß sich ein Fluß zwischen Felsgestein hindurchwand, das Laub der herabhängenden Bäume fast schwarz wirkte, Farne aus jeder Ritze der bemoosten Felsen sprossen, überall Wasser tropfte; und inmitten dieser feuchten Üppigkeit entdeckte ich plötzlich eine Gruppe dieser edlen Blumen. Ihre orangefarbenen Blütenkronen leuchteten in der geheimnisvollen Düsternis wie Laternen. Der schmale Pfad führte mich zum Fluß hinunter, so daß die Hänge schließlich hoch über mir aufragten, und plötzlich standen die Kaiserkronen wie Fackeln zwischen den nassen Felsen, wie sie April für April in verschwenderischer Einsamkeit neben diesem wenig begangenen Pfad geblüht hatten. Der reine Zufall, daß ich mich verirrt hatte, ließ mich ihr Versteck finden; sonst hätte ich sie nie derart überraschen können. Wie vornehm sie aussahen! Wie würdig ihres Namens! Kaiserkronen – sie glichen in der Tat einer orangefarbenen Krone, prächtig genug, die Stirn eines Herrschers zu schmücken.

Das war ein erstaunliches Erlebnis, eines, das ich nie vergessen werde. Seither ziehe ich Kaiserkronen in meinem Garten. Sie sind sehr schön, sehr stattlich, sehr gotisch. Aber irgendwie hat mir die persische Schlucht meine Vorstellung von Eleganz genommen, mit der ich die Kaiserkrone bis dahin verband. Nun sind

sie für mich nicht mehr ausschließlich Blumen, die auf den Bordüren mittelalterlicher Gobelins erblühen. Ich sehe in ihnen jetzt vielmehr die kaiserlichen Wildlinge, denen ich zufällig in einer düsteren Schlucht ihrer heimatlichen Berge begegnet bin.

FRITILLARIA MELEAGRIS
SCHACHBRETTBLUME

Unsere einheimische Fritillaria ist eine der fremdartigen Blumen, die so gar nicht zu unseren harmlosen Wiesen zu passen scheinen. Es gibt etliche dieser Pflanzen – der Aronstab beispielsweise und viele der Orchideen, die jedermann auf Anhieb für exotisch halten würde. Die Fritillaria sieht so erlesen, grazil und kostbar aus, daß man sie eher in einem Gewächshaus vermutet als auf der grünen Wiese neben Hahnenfuß und Schlüsselblumen. Ihre zahlreichen Spitznamen haben etwas Finsteres an sich: Schneckenkopf, Widerspenstige Lady und manchmal gar Glocke der Aussätzigen. Und doch ist sie hier so heimisch wie Sternhyazinthe oder Kuckuckslichtnelke.

Manche halten sie für eine Art Wildtulpe, andere für eine Narzisse. Ein solcher Irrtum unterlief unter anderem auch Gilbert White. Miss Mitford treibt es noch ärger, indem sie die Pflanze ›schraffierte Waldanemone‹ nennt. In

Wahrheit gehört die Fritillaria zu den Lilien-
gewächsen und sollte unsere ureigene englische
Lilie auf dem Felde genannt werden. Ihre eigentümliche quadratische Musterung erklärt einige
ihrer vielen Namen: *fritillus* ist beispielsweise
die lateinische Bezeichnung für Würfelkasten,
der seinen Namen wiederum von einem Schach-
oder Damebrett hat, und *meleagris* kommt von
dem lateinischen Wort für Perlhuhn, an dessen
Gefieder die Zeichnung der Fritillaria so sehr
erinnert, daß Gerard sie in seinem HERBAL
(1597) schlicht ›Perlhuhnblume‹ nannte.

Bedauerlicherweise wird sie von Jahr zu Jahr
seltener und ist extrem ortsgebunden: Wenn
man sie überhaupt findet, dann gleich in großer
Anzahl, und wenn nicht in solcher Menge, dann
geht man völlig leer aus. Anders als die Orchideen, bei denen man hier und da einmal auf ein
paar Exemplare stoßen kann, folgt die Fritillaria
dem Motto: alles oder nichts. Aber wer sie einmal in großer Anzahl gesehen hat, wird diesen
Anblick nie wieder vergessen. Nicht so auffällig
wie die Butterblume und weniger prächtig als
der Fingerhut, scheint sie einen rosafarbenen
Schatten über die Wiesen zu legen, als breche
die Dämmerung unter Gewitterwolken herein,
die die sinkende Sonne verhüllen. Denn wenn

sie irgendwo wächst, dann so dicht wie die Sternhyazinthen, düster und bräunlich grau, und seltsam unvereinbar mit den Auen und Weiden an einem Bach in Oxfordshire oder Hampshire. In Weinanbaugebieten sieht man gelegentlich die moderigen Haufen weggeworfener Traubenschalen, denen der Saft herausgepreßt worden ist. Ihre Färbung entspricht fast genau jener der Wiesenschachblumen.

An ihren natürlichen Standorten liegen die Knollen der Fritillarien gewöhnlich sehr tief in der Erde, und man sollte diesen Hinweis der Natur aufnehmen und sie auch im eigenen Garten wenigstens zwanzig bis fünfundzwanzig Zentimeter tief in die Erde setzen. Dafür gibt es noch einen weiteren guten Grund: Fasane lieben die Knollen und würden sie unweigerlich herauskratzen, wenn sie zu dicht unter der Oberfläche liegen. Abgesehen von ihrer Beliebtheit bei Fasanen ist die Fritillaria ein äußerst anspruchsloses Knollengewächs, das in jedem einigermaßen guten Boden gedeiht, entweder im Gras oder im Beet. Am besten zur Wirkung kommt *Fritillaria meleagris* in einer Wiese, ihrer natürlichen Umgebung; aber ich glaube nicht, daß es eine große Rolle spielt, wo Sie die Pflanze hinsetzen, da Sie kaum die Millionen von Zwiebeln pflanzen werden, derer es bedarf, um diesen Eindruck auch nur annähernd wiederzugeben, sondern sich sehr wahrscheinlich mit einigen wenigen begnügen, die Ihnen ausreichend Blüten für die Vase liefern. Denn die Schachbrettblume – es sei denn, man pflanzt sie in den Mengen an, in denen sie in der freien Natur vorkommt – ist eine Blume, die in ein Glas auf Ihren Tisch gehört. Sie ist eine Pflanze, die man ganz genau anschauen muß. Um ihre wahre Schönheit schätzen zu können, muß man sich in sie vertiefen. Man sollte sich ihre winzigen Quadrate aus der Nähe ansehen und auch den Kelch anheben, um in ihn hineinzublicken und die eigentümliche Halbtransparenz der fremdartigen, weinroten Glocke erkennen zu können. Sie ist eine unheimliche kleine Blume, unheimlich in ihren melancholischen Farben des Verfalls.

Luxus dieses ›regionalen Gärtnerns‹ gestatten! Denn das Geheimnis der erfolgreichen Gärtnerei liegt zur Hälfte in harmonischen Verbindungen. Manche Pflanzen ›vertragen‹ sich, andere ganz und gar nicht. Regeln lassen sich kaum aufstellen, weil es grundsätzlich eine Frage von Geschmack und Neigung ist, aber wenn es eine Gesetzmäßigkeit gibt, dann die, daß die Arrangements der Natur für gewöhnlich die besten sind. Man braucht nur an die zahllosen winzigen Alpengärten auf den hochgelegenen Bergwiesen zu denken, um zu erkennen, wie perfekt und mühelos die Aufgabe dort gelöst ist. Ein einziger riesiger Felsblock, an den sich ein Polster aus Leinkraut schmiegt, nicht weit davon entfernt wiegen sich ein paar mauvefarbene Veilchen, ein Büschel Lichtnelken, einige blaue Kelche der *Gentiana verna* – und schon ist das Bild vollkommen. Keine Überfüllung, keine Ungereimtheiten. Nur anderthalb Quadratmeter absoluter Vollkommenheit, die man aus der besonnten Weite herauslösen und mit einem Rahmen versehen könnte, in sich geschlossen und genügsam ...

Auf diese Weise könnte man Teile des eigenen Gartens stehlen und kleine unabhängige Bereiche wie den mediterranen Hang schaffen, an

dem der sperrige Lavendel wächst, die buschige Zistrose, der kriechende Rosmarin, die blaue Anemone und die schlanke kleine Damentulpe, die einem Knaben gleicht.

PRIMULA AURICULA
AURIKEL

Aurikeln gibt es in zwei Variationen, einer für die Wohlhabenden und einer für die weniger Wohlhabenden. Zweifellos ist die als Show-Aurikel bekannte Art, die unter Glas gezogen werden möchte, erlesener in bezug auf ihre vielfältige Gestalt, ihre aparten Farben und fremdartigen Zeichnungen. Über den bemehlten Stengeln und Blättern, die so aussehen, als wären sie mit Kreide eingestäubt, erheben sich die flachen Blütenköpfe, merkwürdig gesäumt von einem Rand in einer kontrastierenden Farbe weiß, grün, purpurfarben oder rötlich braun, und alle sind samten wie Stiefmütterchen.

Ihre goldene, ihre purpurne, scharlach-
und karmesinrote Farbe,
Ihre dunkel oder hell behaarte Mannig-
faltigkeit,
Mit ihren hübschen Schattierungen und
Ornamenten,

Ihren bunt gefärbten Röcken und
angenehmen Düften ...
Zwei Reihen Rüschen, golden und silbern
bebändert,
Beflissen errötend und von so adretter
Haltung.

Früher schätzten die Floristen die Show-Aurikeln
so sehr, daß sie sie in Miniatur-Theatern auf die
Bühne brachten, als wären sie Punch und Judy,
und Bilder im Theater malten, um die Zeit zu
überbrücken, in der die Pflanzen nicht blühten.

Aber auch wenn wir uns bescheiden mit der
Garten- oder Alpenaurikel zufriedengeben müssen, haben wir uns dennoch nicht zu beklagen,
denn sie ist nicht nur eine ›Malerblume‹, sondern auch die Blume von Cottagegärtnern. Sie
ist eine jener Blumen, die man eher für das Werk
eines Malers von Miniaturen oder den Entwurf
für eine Stickerei hält als für die Pflanze, die
genügsam und zufrieden im eigenen Garten
wächst. Aber dort gedeiht sie ganz prächtig,
gesetzt den Fall, daß wir ihr einige Wünsche erfüllen: ein tiefes, kühles Wurzelbett, leichten
Boden mit ausreichend Laubhumus (einige der
alten Züchter empfehlen die Erde von Maul-
wurfshügeln), ein wenig Schatten während der

heißen Mittagsstunden und genügend Feuch-
tigkeit. Mit anderen Worten: eine westliche oder
sogar nördliche Lage wird ihr behagen, solange
man den tiefen Verlauf ihrer Wurzeln nicht vergißt, denn die Aurikelwurzeln bohren sich immer weiter in den Boden hinein, je älter die
Pflanze wird. Wenn Sie sie in undurchdringbare
Erde setzen, werden Sie feststellen, daß sie sich
aus dem Boden heraushebt und einen kahlen,
traurig anmutenden Wurzelstiel entwickelt,
während sich ihre Blätter eigentlich dicht an
die braune Erde schmiegen und sie eine Rosette
gesunder Blätter nach der anderen hervorbringt.
Falls Ihre Aurikeln das tun, gedeihen sie ganz
offensichtlich gut, und Sie können sie, ohne zu
zögern, ausgraben und teilen, sobald die Blüte
vorüber ist, also im Mai oder Juni die Teilstücke
wieder einpflanzen und so Ihren Bestand an Aurikeln für das nächste Jahr vergrößern.

Es lohnt sich, Jungpflanzen aus eigenem
Samen zu ziehen, denn man weiß nie, welche
Variationen man erhält. Nach zehn bis vierzehn Tagen keimen die Samen mühelos, wenn
man sie nicht sehr tief in mit Kompost versetz-
ten Sand gibt. Bringen Sie die Sämlinge an einen
schattigen Ort, pflanzen Sie sie in Töpfe, wenn
Sie mögen, oder in eine passende Rabatte, bis

sie groß genug sind, um an ihren endgültigen Standort versetzt werden zu können. In früheren Zeiten war eine Unze Aurikelsamen zehn Guineen wert, und vielleicht kann diese Tatsache in uns einen gewissen Respekt für die Mengen wecken, die uns die Natur kostenlos zur Verfügung stellt.

Aurikeln haben eine lange Geschichte. Man glaubt, daß sie bereits den Römern als Pflanze bekannt war, die ihre Heimat in den Alpen hat. Gesicherter wissen wir, daß sich ihr Name von der angeblichen Ähnlichkeit ihrer Blätter mit Bärenohren ableitet: *Oreille d'ours* nennt man sie auf französisch, *orecchio d'orso* auf italienisch. Ein etwas abwegiger Vergleich, wie ich meine, aber einer, der allgemein Anklang gefunden hat. Hugenottische Flüchtlinge machten die Aurikel in England bekannt, und in der zweiten Hälfte des 17. Jahrhunderts waren viele neue Sorten gezüchtet worden, die so zauberhafte und phantasievolle Namen erhielten wie Fair Virgin, Alderman, Matron, Prince Silverwing und im Fall einer weißen Neuheit Virgin's Milk. Der ansprechendste und anschaulichste Name von allen ist jedoch Old Dusty Miller, sogar noch treffender als die Bezeichnung Vanner's aprons, wie sie in Gloucestershire genannt wer-

den, ohne Zweifel in Anspielung auf die leder-
ähnliche Struktur der Blätter. Sie scheinen auch
Baziers genannt worden zu sein, aber das ist ein
Wort, das ich nicht einmal im großen OXFORD
ENGLISH DICTIONARY gefunden habe. Ich
frage mich, ob es irgendeinen Zusammenhang
mit aus Fries (*baize*) hergestellten Schürzen
oder Decken haben könnte. Ein anderer Autor
verweist vermutlich begründeter darauf, daß es
sich um eine Verballhornung von *Bear's Ears*
handeln könnte.

PUNICA GRANATUM
GRANATAPFEL

Von allen Früchten ist der Granatapfel mit
Sicherheit eine der romantischsten. Nie werde
ich wissen, ob er mir ganz lieber ist, mit seiner
glänzenden, ledrigen Schale und den eigentümlich abgeflachten Seiten, oder aufgeschnitten,
wenn er seine glänzenden Kerne zeigt, jeder in
seinem durchsichtigen, geleeartigen Überzug.
In diesem Land dürfen wir nicht hoffen, solch
voll ausgereifte Früchte zu ernten, aber der
Baum selbst ist winterhärter als gemeinhin angenommen. Er kann sogar blühen und korallen-
rote Blüten zwischen den dunklen spitz zu-
laufenden Blättern hervorbringen. Er wird im
Herbst sogar kleine Früchte tragen – aber des-
wegen pflanze ich ihn nicht in meinen Garten.
Ich ziehe ihn wegen seiner Blätter und Blüten,
aber auch wegen seiner im Frühling rötlich
gefärbten Zweige und der jungen Blätter, die
gegen das Licht so transparent sind wie ein
Karneol, bevor sie sich ganz entfaltet haben.

Ich kann mir nicht vorstellen, daß irgendein anderer Strauch derart leuchtende Blattspitzen aufzuweisen hat, wie man sie besonders dann sieht, wenn er in Augenhöhe wächst (wie auf Terrassenbrüstungen in Italien), und wir ihn im Vorbeikommen gegen die Sonne gewendet betrachten können. Ich habe ihm eine warme Ecke zugewiesen, im Winkel von einer Süd- und einer Ostmauer. Zur Vorbereitung auf den Winter bedecke ich seine Wurzeln mit Häufchen von Asche und biete ihm einen Mantel in Form einer Juchtenlederdecke, die an beiden Mauern festgeklammert wird. In seine direkte Nachbarschaft habe ich eine Myrte gepflanzt, in der Annahme, daß sie ihrem Aussehen und Charakter nach gut miteinander auskommen müßten, womit ich in der Tat recht hatte, auch wenn ich erst Jahre später herausfand, daß einige Botaniker die Myrte und den Granatapfel für Verbündete halten. Da ich keine Botanikerin bin, hatte ich mich lediglich an die Haine aus Myrten und Granatapfelbäumen erinnert, in denen ich in Persien übernachtet hatte.

Der Granatapfel ist in Persien und Afghanistan heimisch, hat seinen Weg aber so unbefangen in andere Länder gefunden, daß es schwer ist festzustellen, wo er tatsächlich wild vor-

kommt und wo nicht. Manche Leute meinen, ihn in fossilem Zustand in Pliozänschichten in Burgund entdeckt zu haben, aber selbst ohne in prähistorische Zeiten zurückzugehen, finden sich genügend Beweise für sein Alter auf einer langen Ahnentafel der Geschichte, Mythologie, Literatur und Kunst: Er hat einen Namen in Sanskrit, er ist auf Skulpturen in Assyrien und Ägypten abgebildet, ist im Alten Testament und der Odyssee erwähnt, Nausikaa kannte ihn wie auch ihre Dienerinnen. In Phrygien teilte er sich mit dem Mandelbaum die Ehre, die jungfräuliche Mutter des Attis zur Empfängnis ihres wiederauferstehenden Sohnes befähigt zu haben: Sie legte sich einen reifen Granatapfel (oder eine Mandel) zwischen die Brüste. In Griechenland hieß es, er entstamme dem Blut des Dionysos. Die Römer lernten ihn in Karthago kennen und nannten ihn demzufolge *malum punicum*. Für die Bildhauer der Renaissance war er, wie für jene aus Assyrien und Ägypten, eine der dekorativsten Früchte und ein Symbol für Poesie und Fruchtbarkeit. Man weiß wirklich nicht, ob man ihn romantisch oder klassisch nennen soll. Der Granatapfel wäre in der Tat ein guter Ausgangspunkt für eine Diskussion über diese beiden seit undenklichen Zeiten umstrittenen Begriffe.

VERBASCUM
KÖNIGSKERZE

Wahrscheinlich kennt jeder Gärtner die Königskerze (*Verbascum thapsus*), dieses allgegenwärtige
Unkraut, das an allen möglichen und unmög-
lichen Stellen auftaucht, manchmal inmitten
eines Blumenbeetes, wo es nahrhafter Boden
gut anderthalb Meter hoch aufschießen läßt,
manchmal in einer mageren Trockenmauer, wo
es nicht höher wird als wenige Spannen. Es ver-
samt sich überall und wird schnell zu einer
Plage und einem Problem, da es unter guten
Bedingungen fast zu hübsch aussieht, um aus-
gerissen zu werden. Mit seinen grauwolligen
Blättern und der gelben Blütenkerze sogar so
schön, daß wir es für eine dekorative Rabatten-
pflanze halten würden, wüßten wir nicht, daß
es sich um ein Unkraut handelt. Darüber hinaus ist die Königskerze als Heilpflanze in viel-
fältiger Weise einsetzbar. Es scheint buchstäblich kein Leiden zu geben, das man mit *Verbascum
thapsus* nicht kurieren könnte. Der Himmel-

brandtee ist ein nahezu legendäres Heilmittel gegen Husten und Lungenbeschwerden; angeblich soll die Pflanze auch diversen Gebrechen wie Scherpilzflechte, Warzen, Zahnweh, Kopfschmerzen, Ohrenleiden und Gicht abhelfen. Darüber hinaus hat sie noch andere nützliche Eigenschaften: Sie soll vor dem bösen Blick schützen. Und sie soll Haare goldblond färben, wie die Römerinnen vor langer Zeit herausfanden. Hexen fertigten aus ihren Blättern Fackeln für ihren Hexensabbat an. Wilddiebe warfen die Samen ins Wasser, um die Fische zu betäuben. Die Armen benutzten ihre Blätter als Einlegesohlen, um die Füße zu wärmen. Es kommt einem undankbar vor, eine so nützliche Pflanze schlicht als Unkraut anzusehen.

Und dann gibt es für sie so viele und pittoreske Namen hier in unserem Land. Einige von ihnen sind einfach anschauliche Beschreibungen der Pflanze und ihrer flaumigen Beschaffenheit wie Liebfrauenflausch, Wollkraut, Bettlerdecke oder Adams Flanell. Andere Namen leiten sich von ihrer Nützlichkeit ab; so weisen die Bezeichnungen Kerzendochtpflanze oder Altweiberfunzel darauf hin, daß sie getrocknet als Zunder verwendet werden kann. All das sollte uns zu größerer Nachsicht gegenüber *Verbascum*

thapsus befähigen, wenn sie unerwünscht als graue und gelbe Fackel mitten in unserem sorgfältig angelegten Garten auftaucht.

Erfreulicherweise gibt es einige Verwandte der gemeinen Königskerze, die wir als Rabattenpflanzen ziehen können: die Cotswold-Hybriden, die unter Namen wie Verbascum, Cotswold Gem oder Cotswold Queen angeboten werden. Es spielt keine Rolle, nach welcher Sorte Sie fragen, denn sie sind alle gleichermaßen begehrenswert. Alle sind sie pudrig, stumpf und muffig in den Farben – seltsamen Farben, die man unmöglich eindeutig benennen kann. Sie sind weder rosa noch gelb, noch rot oder apricot, sondern eine verwaschene Mischung aus allem. Sie sehen aus, als hätte sich eine Wolke winziger Schmetterlinge auf ihnen niedergelassen. Sie sollten nicht in einem Garten voller leuchtender Orange- und Scharlachtöne gepflanzt werden, sondern in einen abgeschlossenen Bereich, in der Nachbarschaft von anderen gedämpften Farben, die sie nicht verfluchen oder beschämen können. Ihre Blütezeit, die sehr lang ist, erstreckt sich von Juni bis in den Juli hinein; daher sollte man ihnen einige Alte Rosen zur Seite stellen, beispielsweise Tuscany, Rose du Roi à fleurs pourpres oder William Lobb.

Wäre man in der Praxis doch nur auch ein so guter Gärtner wie in der Theorie, was für einen Garten könnte man erschaffen!

Erwarten Sie von Ihren Königskerzen im ersten Jahr nach der Pflanzung nicht zu viel. Sie sind mit der Entwicklung von Wurzeln und Blättern zu beschäftigt, um auch noch daran denken zu können, einen Blütenschaft in die Höhe zu treiben, und falls sie es dennoch tun, dann wird er so kümmerlich ausfallen, daß es die Sache nicht lohnt. Schneiden Sie ihn besser ab, und lassen Sie die Pflanze ihre ganze Kraft für das nächste Jahr bündeln. Geben Sie sich zunächst mit einer kräftigen Blattrosette zufrieden, und für das kommende Jahr können Sie sich auf Blütenkerzen von anderthalb Meter Höhe freuen. Sie werden sie festbinden müssen, und das schon sehr früh, denn sie neigen dazu, sich von jedem Windzug umwehen zu lassen. Vier oder fünf Stöcke und ein wenig Schnur werden ausreichen, und wenn Sie sich die Zeit nehmen, die verblühten Stiele abzuschneiden, dürfen Sie auf einen zweiten Flor hoffen. Das, fürchte ich, ist ein wohlfeiler Rat, und ich habe nur wenig Hoffnung, daß Sie in der Lage sein werden, ihn zu befolgen. Ich gebe ihn nur, weil ich weiß, wie gut er ist, was aber nicht heißt, daß ich mich selbst an ihn halte. Es ist stets so viel zu tun, und gewisse Aufgaben werden leicht vernachlässigt. Die Lupinen haben bereits dicke Samen angesetzt, wie auch der Rittersporn, aber woher soll man die zwei, drei oder vier Stunden für ihre Pflege nehmen? Welche Chance hat da das Verbascum, das weniger auffällig, aber feiner und genauso verdienstvoll ist?

DIANTHUS CAESIUS
PFINGSTNELKE

Inmitten verschwenderischer Farben
müßig wie ich lag,
Die Odyssee lesend
in meinem Steingarten,
Erspähte ich die buschigen
Schöpfe der Pfingstnelken …

Robert Bridges war in diesem Fall nicht ganz
exakt in seinen Beschreibungen, wie zartfühlend
er seine Empfindungen auch ausgedrückt haben
mag. Seine Pfingstnelken wuchsen keineswegs
in einem Steingarten, sondern zogen sich in
zwei langen Bändern zu beiden Seiten eines Weges in Boar's Hill entlang. Zu meinem Glück
war der Poet laureate an diesem Abend nicht in
die Odyssee vertieft, sondern in leutselig, gast-
freundlicher Stimmung mehr geneigt, einem
empfänglichen Gast seine Nelken zu zeigen. In
wahrer Tennyson-Manier mit einer Art Schäfer-
umhang und einem großen schwarzen Hut be-
kleidet, war er bereits überraschend zwischen
seinen Rhododendren – oder waren es Kalmien?
– hervorgekommen, um mir bei meiner Ankunft

das Tor zu öffnen, und schickte sich nun an, seine Freundlichkeit dahingehend zu erweitern, mich in seinem Garten herumzuführen. Ich war entzückt, unsicher und ziemlich überwältigt. Er war so alt, so groß, so ansehnlich, so unordentlich, so vornehm. Und so kindlich begeistert von seinen Nelken.

Sie waren für mich in meiner Ignoranz in der Tat eine Offenbarung. Ich hatte sie an den Abhängen der Cheddar Gorge wild wachsen gesehen, aber doch niemals in den Massen, in denen sie an diesem warmen Sommerabend ihren Duft verströmten. Würdevoll marschierte der Poet laureate zwischen ihnen einher und tat so, als wäre er weit weniger befriedigt als ganz offensichtlich der Fall. Hin und wieder beugte er sich aus seiner enormen Höhe herab, um ein paar Blüten zu pflücken, dabei brach er die Stengel sehr feinfühlig mit seinen sensiblen Fingern, und als er ein großzügiges Bündel beisammen hatte, streckte er es mir ernst, sogar feierlich entgegen und sah mich so unverwandt an, als würde er mich abzuschätzen versuchen, was wiederum eine beunruhigende Erfahrung war. »Sie ergeben ein erfreuliches ›Tussie-Mussie‹«, sagte er, als er sie mir überreichte, und ich sah ein Zwinkern in seinen Augen, das darauf hin-

deutete, daß er meine Reaktion auf das ungewöhnliche Wort überprüfte. Ich war viel zu verschüchtert, um ihn darauf hinzuweisen, daß es für ein ›Tussie-Mussie‹ eigentlich eines gemischten Straußes bedürfe; also beließ ich es dabei und bedankte mich. Im Nachhinein glaube ich, daß es ihm lieber gewesen wäre, wenn ich ihn mutig korrigiert hätte. Es hätte ihn erheitert. Man macht diese Fehler, wenn man jung ist und zu beflissen um Höflichkeit bemüht.

Am nächsten Morgen nach dem Frühstück ging er mit mir in sein Arbeitszimmer und las mir einige Passagen aus einem Gedicht vor, an dem er gerade schrieb. Er erläuterte seine Vorstellungen von seinem besonderen Versrhythmus mit Begriffen, die so theoretisch waren, daß sie meine Fassungskraft überstiegen. Er hatte vor, das Gedicht ›A (oder auch The) Testament of Beauty‹ zu nennen. Wieder war ich verunsichert und überwältigt. Alles in allem ähnelte dies zu sehr einer Begegnung mit dem furchteinflößenden Tennyson seiner späten Jahre.

Wie dem auch sei, er machte mich mit den Tugenden der Pfingstnelke bekannt, und ich bestellte sofort eine Packung Samen und verteilte sie dann auf die gleiche Weise am Rand meines

Gartenwegs – weniger aus der Absicht heraus, den Poet laureate zu imitieren, als vielmehr aus dem Verlangen, den gleichen süßen Duft an einem warmen Sommerabend zu verspüren. Und dabei lernte ich eine Lektion, die der Poet laureate vergessen hatte, mir zu erteilen. Zwei Sommer lang waren meine Pfingstnelken ein großer Erfolg, und ich dachte schon, es würde für immer so weitergehen, aber in Wirklichkeit hatten sie sich erschöpft. Ungehalten stellte ich Nachforschungen an und fand heraus, daß unsere einheimische Nelke in gewöhnlicher Gartenerde abstirbt, wenn man sie am Rand einer Staudenrabatte zieht, wie Robert Bridges es getan hatte. Sie hat nur eine Chance, langfristig zu überleben, wenn sie ein permanentes Mangeldasein führt, in einer Mauerritze wächst, in der sie dann Jahr für Jahr zufrieden vor sich hin blüht. Das bedeutet jedoch nicht, daß sie nicht auch an einem Rabattenweg gedeihen könnte; es heißt lediglich, daß Sie unter solchen Bedingungen Ihren Bestand jedes zweite Jahr durch neue Sämlinge auffrischen müssen. Kein aufwendiges Unterfangen, wenn man an die graugrünen Polster denkt, die die Farben anderer Blumen so angenehm hervorheben, und an die Nelken selbst, die während der Blüte diesen besonderen, unvergleichlichen Duft verbreiten, der die Menschen neugierig schnuppern läßt, wenn sie durch Ihren Garten wandern.

Rosa moyesii

Dies ist eine chinesische Rose, und so sieht sie auch aus. Wenn eine Pflanze überhaupt jemals all das auszudrücken vermag, was wir angesichts der Zartheit, Poesie und Linienführung einer chinesischen Zeichnung je empfunden haben, dann ist die *Rosa moyesii* diese Pflanze. Wir könnten ihr auf dem bedruckten Auslegepapier in einer Kommode aus der Zeit Charles II. begegnen, als es erstmals Tapeten in England gab, mit einem grünen Papagei, der, seltsam proportioniert, auf ihren schlanken Zweigen thront. Der Künstler brauchte sie nicht zu stilisieren, das hat die Natur bereits zur Genüge getan. Wir sehen sie oft aus unseren englischen Rasenflächen aufsteigen oder über unseren englischen Flüssen herabhängen, aber in welchem entlegenen Winkel unseres Landes sie auch wächst, *Rosa moyesii* bleibt für immer mit China verbunden. Durch das eigentümliche Anpassungsvermögen eines wahren Genies wirkt sie jedoch nie fehl am Platz. Sie fügt sich in die Gesellschaft von englischem Mauerwerk ebenso unbeschwert wie in die asiatischen Berge und Hochebenen.

»Nur zu, liebliche Rose.« Sie blüht tatsächlich, und das schnell. Aber sie ist von einer solchen Schönheit, daß sie allein wegen dieser drei Wochen im Juni gepflanzt werden muß. In dieser Zeit schwanken ihre Zweige unter der Last der großen einfachen, rosenroten Blüten. Sie sind von unbeschreiblicher Farbe. Ich halte eine Blüte hier in der Hand und sehe mich außerstande, sie zu schildern. In dieser Farbe stelle ich mir Petra im Sonnenuntergang vor, wenn man den richtigen Augenblick abpaßt. Sie ist wie die Farben eines besonders schönen Teppichs aus Isfahan. Sie ist wie die gefärbte Lederscheide eines arabischen Dolches, und dessen bin ich mir ganz sicher, denn ich hielt beides nebeneinander, die Dolchscheide und die Blüte. Sie ist wie all diese düster-roten Dinge, die einem als Bestandteile einer Welt voller Geheimnisse und Romantik im Gedächtnis bleiben.

Selbst wenn die Blüte vorüber ist, sind die anmutigen Zweige immer noch schön genug. Innerhalb von drei oder vier Jahren wird ein

Strauch gut drei Meter hoch und zwei bis zwei-
einhalb Meter breit. Lange, schwankende Zau-
berruten mit grazil angeordneten und einmalig
feingezeichneten Blättern heben sich gegen den
Himmel, die dunkle Hecke, die Mauer oder den
Hintergrund ab, den Sie ihr gegeben haben. Be-
gehen Sie nie den Fehler, sie an einer Mauer zu
befestigen. Sie möchte frei und ungebunden
wachsen, um locker zu der vollendet geformten
Fontäne aufsteigen zu können, deren Aufbau
sie so perfekt beherrscht. Machen Sie übrigens
nicht den weiteren Fehler, die verwelkten Rosen
emsig abzuknipsen in der Hoffnung, damit eine
zweite Blüte zu ermöglichen. Eine solche werden Sie nicht bekommen, sich dafür aber um
einen zweiten Genuß bringen, den sie Ihnen
bereiten will: die Herbstfreude der langen, fla-
schenförmigen, scharlachroten Hagebutten.
Bewahren Sie sie unter allen Umständen, diese
Siegellackfrüchte, die strahlender leuchten als
die Beeren der Stechpalmen. Falls Sie eine Vorliebe für Hagebutten haben, sollten Sie ein paar
Exemplare der Highdownensis zwischen Ihre
R. moyesii pflanzen, denn die Highdownensis
(die ein Sämling der *R. moyesii* ist) bringt noch
hübschere Hagebutten hervor und ist mit eine
der schönsten kultivierten Rosen. Und wenn Sie

eine Vorliebe für Mischpflanzungen haben, dann setzen Sie auch Fargesii dazu. Sie ist vermutlich ein weiteres Kind der *R. moyesii* und von hellerer, leuchtenderer Farbe. Ich bin mir nie ganz sicher, ob Mutter und Kind gut zueinander passen oder nicht. Vielleicht nicht. Vielleicht wäre es besser, sie getrennt zu setzen, mit etwas Dunklem dazwischen, beispielsweise Rosmarin oder ein paar irische Eiben (*Taxus baccata*): Das strenge Dunkelgrün der Eiben wäre der ideale Hintergrund für die anmutige und grazile Üppigkeit der Rosen.

Die Existenz von Fargesii und Highdownensis läßt hoffen, daß *R. moyesii* in Zukunft weitere Abkömmlinge hervorbringen könnte. Sie ist noch nicht sehr lange in europäischen Gärten heimisch, nachdem sie 1890 an der tibetischen Grenze erstmals, 1903 ein zweites Mal entdeckt und 1910 auf den Markt gebracht wurde. Wir hatten also nicht viel Zeit, ihre Entwicklungsmöglichkeiten auszuschöpfen. Gewiß ist, daß ihre Stecklinge nicht leicht (wenn überhaupt) Wurzeln schlagen, und wir daher auf Samen angewiesen sind – und jedermann weiß, wie aufregend unterschiedlich Sämlinge ausfallen können. Jeder amateurhafte Rosenzüchter möge also sein Glück versuchen.

Selbst die größten Botaniker wie Reginald Farrer fühlten eine gewisse Genugtuung bei dem Gedanken, einer neuen Pflanze ihren Namen zu verleihen. Es ist nicht jedem vergönnt, eine *Gentiana farreri* zu entdecken, aber es scheint immerhin ein wenig Hoffnung für uns alle darin zu bestehen, einen neuen Sämling von *Rosa moyesii* in unserem Garten zu züchten, wie bescheiden der Garten auch immer sein mag.

ROSA CENTIFOLIA MUSCOSA
MOOSROSE

Seit kurzem ist eine enthusiastische Wiederbelebung der Vorliebe für die Pflanzen zu verzeichnen, die wir ›Alte Rosen‹ nennen, um sie von den moderneren Gattungen wie Teehybriden, Floribunda, Polyantha und Wichuriana zu unterscheiden. Es liegt nicht in meiner Absicht, diese Varietäten geringschätzen zu wollen, unter denen viele liebenswerte Arten zu finden sind, aber jeder, der dem Zauber Alter Rosen einmal verfallen ist, wird keine neuen in sein Herz schließen können. Der Reiz mag sentimentale Gründe haben, und mit Sicherheit gibt es einiges gegen die Alten Rosen einzuwenden: Ihre Blütezeit ist kurz, ihr Wuchs unordentlich, sie sind nur schwer aufzubinden und zusammenzuhalten, und sie verlangen stundenlanges Schnippeln, um von verwelkten und welkenden Blüten befreit zu werden – was wir tun müssen, damit ihre Schönheit nicht durch eine Unmenge brauner, verklebter Blütenblätter beeinträchtigt wird. Doch trotz dieser Nachteile beschert uns eine Sammlung Alter Rosen immer größere Freude. Wie bei Freunden lernt man, ihre Fehler zu übersehen und ihre Tugenden zu schätzen.

Ihre Fehler – vielmehr ihre Nachteile – habe ich aufgezählt, aber worin bestehen nun ihre Tugenden? In einem Wachrufen von Gefühlen: Sie rufen alles in Erinnerung, was wir jemals im Zusammenhang mit Rosen in Gedichten gelesen oder auf Gemälden abgebildet gesehen haben. Möglicherweise auch in der persönlichen Erinnerung: Wir sind ihnen – verwildert und unbeachtet – in den Gärten begegnet, die wir aus unserer Kindheit kennen. Und dann duften sie für gewöhnlich intensiver als ihre modernen Nachfolger. Man klagt häufig darüber, daß die moderne Rose an Duft das verloren hat, was sie auf anderen Gebieten hinzugewonnen hat; und auch wenn diese Beschwerde nicht immer berechtigt ist, enthält sie doch mehr als ein Körnchen Wahrheit. Im Fall der Moschusrose, der Zentifolie, Damaszenerrose und der Moosrose läßt sich dieser Vorwurf nicht aufrechterhalten. Sie erfüllen die Luft mit wahrhaftem Rosenduft.

Die Moschusrose mag die Moosrose in dieser Hinsicht übertreffen, aber da die Moosrose lediglich eine Abart der Zentifolie ist, hat sie

den tiefen, weichen Duft ihrer Verwandten und darüber hinaus den Vorzug eines pelzartigen Überzugs auf Sepalen und Trieben. Niemand weiß, wann sich die erste Zentifolie in eine Moosrose verwandelt hat, aber der erste Gärtner, der diese Laune der Natur entdeckte, hat sicherlich voller Sorge angenommen, irgendeine unbekannte Krankheit hätte seine Sträucher befallen. Und in gewissem Sinne war es auch so. E. Bunyard, der so viel für die jüngste Beliebtheit Alter Rosen getan hat, schreibt in seinem Buch OLD GARDEN ROSES: »Das Moos ist eine Proliferation der Stieldrüsen, die in allen Zentifolien vorhanden ist.« Proliferation war ein mir bis dato unbekanntes Wort, und obwohl ich aus dem Zusammenhang entnahm, was Mr. Bunyard meinte, schlug ich im Lexikon nach und erfuhr: Proliferieren heißt, sich selbst zu vermehren, durch eine Vervielfältigung oder Wucherung des Gewebes zu wachsen. Also hat sich die Moosrose, wie wir sie heute kennen, durch eine Multiplikation ihrer Gewebeteilchen oder Drüsen selbst vervielfältigt. Das mag eine sehr nüchterne und ziemlich medizinische Erklärung sein, aber zu unserem Glück hat sich die Mutation zu einer dauerhaften und bezaubernden Art entwickelt.

Manche Fachleute für Rosen halten unbeirrt an der Maxime fest, daß eine Rose, deren Blüte sich von rot nach lila verfärbt, wenn sie verblüht, eine schlechte Rose ist, eine unerwünschte Rose, eine, die sogleich aus unseren Gärten entfernt werden muß. Weniger konventionelle Vertreter behaupten, das Bischofslila ihrer Sterbestunden verleihe der Rose eine zweite Schönheit. Im Fall der Moosrose müssen wir ihnen zustimmen. Ich habe in meinem Garten zwei Sträucher der Moosrose William Lobb (die – nebenbei bemerkt – dreieinhalb Meter hoch sind), und wenn sie das Stadium erreichen, in dem einige der Blüten schon welken, während andere noch immer neu aufblühen, sehen sie aus, als wäre ein prunkvolles Kardinalsornat über sie geworfen worden. Das matte Karminrot der neuen Blüten harmoniert hervorragend mit dem Graulila der alten, und die Blütenbüschel drängen sich in so üppiger Fülle, daß der gesamte Strauch zu einem Farbteppich wird, prächtig, und wie mit Blut und Wein befleckt. Finden sie ihren Platz in einer Rabatte, sollte man meiner Ansicht nach ein paar graublättrige Pflanzen zu ihnen gesellen, *Stachys lanata* (bekannter als Esels- oder Hasenohr) zum Beispiel, denn das weiche Grau unterstreicht ihre stumpfen Töne

noch. Mir schwebt jedoch ein kleiner gepflaster-
ter Garten mit grauen Steinmauern als idealer
Standort vor, der ihnen ganz allein gehört, vielleicht mit Ausnahme der alten Rose Veilchen-
blau, die an den Mauern emporklettert, und ein
paar Büscheln der karminroten Gartennelke.

Rosa mundi

Da die Rosenkriege glücklicherweise vorüber sind – ein Krieg weniger, um den wir uns Sorgen machen müssen – bleibt uns die unbeschwerte Freude an der Rose, die diese historische Auseinandersetzung traditionell symbolisiert. Die Frage ist nur: Welche Rose sollen wir eigentlich als die wahre York and Lancaster betrachten? Denn die, die von den meisten Menschen in Gärten freudig unter diesem Namen bejubelt wird, ist sehr häufig gar keine York and Lancaster sondern eine *Rosa mundi*.

Es gibt keinen hinlänglichen Grund für diese Verwirrung, denn abgesehen von der Tatsache, daß beide mehrfarbige Blütenblätter besitzen, haben die zwei Rosen keine besonderen Ähnlichkeiten miteinander. Die Rose der Welt (*Rosa mundi*) ist eine Gallica, die Rose der Kriege (York and Lancaster) eine Damaszener, aber für den Fall, daß diese Klassifizierung Ihnen nicht allzuviel sagt, hier zwei andere Möglichkeiten, sie zu unterscheiden. Eine York and Lancaster ist hellrosa, fast weiß, einige ihrer Petalen sind gestreift, aber nicht alle: ein verwaschenes Ding, kaum der Beachtung wert. Die *Rosa mundi* ist weitaus beeindruckender. Ihre Farbe ist von einem tieferen Rosa und alle Blütenblätter sind karminfarben panaschiert. Sie blüht zudem sehr viel bereitwilliger. Es macht nicht viel aus, wenn manche Leute sie weiterhin fälschlicherweise als York and Lancaster bezeichnen, wie sie es häufig tun und zweifellos auch weiterhin tun werden. Was zählt, ist die Tatsache, daß wir jetzt eine Rose kaufen können, die entweder *Rosa mundi* oder von Unwissenden York and Lancaster genannt wird, und daß wir, sofern wir ziemlich sicher sind, uns für eine *Rosa mundi* entschieden zu haben, uns darauf verlassen können, etwas zu bekommen, das mit jedem Jahr an Üppigkeit zunehmen wird. Gestreift, gefleckt und getupft, steigert sich diese edle alte Rose im Juni in einen wahren Blütenrausch hinein und zeigt immer neue Variationen von Blütenmustern. Nie weiß man, wie diese Zeichnungen ausfallen werden. Manchmal erscheinen sie als regelmäßige rote Streifen, manchmal in Form von Flecken, manchmal als Spritzer oder Tupfer – immer unterschiedlich,

dekorativ und reizvoll. Sie erinnern an groß-
zügig in einer Schüssel voller Sahne verrührten
Kirschsaft. Es lohnt sich, einen Strauch *Rosa
mundi* in voller Blüte zu betrachten. Als wenig
ergiebig erweist es sich hingegen, die Blüten zu
schneiden, es sei denn, Sie haben genügend Zeit,
Ihre Vase täglich neu zu füllen, denn im Wasser
halten sich die Blüten nicht. Selbst im Freien,
an ihrem Strauch, währen sie nicht lange. Sie
ist eine sehr vergängliche Freude, aber in der
kurzen Zeit ihrer Blüte macht sie durch Menge
wett, was ihr an Dauerhaftigkeit fehlt. Etwa
vierzehn Tage lang gibt sie ihr Bestes, dann
scheint sie sich für den Rest des Jahres erschöpft
zu haben.

Vielleicht hört sich dies recht unbefriedigend
an und nicht der Mühe wert, sich darauf ein-
zulassen. Doch so ist es ganz und gar nicht.
Zunächst einmal können Sie die Rose in eine
beliebige Ecke pflanzen, und damit sind Sie
durchaus gut beraten, es sei denn, Sie haben
einen riesigen Garten, in dem Sie sich große
blütenleere Lücken über einen weiten Zeitraum
des Jahres hinweg leisten können. Sie können
die Rose auch als Hecke ziehen, entlang eines
Weges, den Sie häufig benutzen, und dort vor
sich hin wuchern lassen. Geben Sie ihr ein paar

Moosrosen zur Gesellschaft, und bald haben Sie eine Rosenhecke, so dicht und romantisch, daß alle Nachtigallen aus den nahen Wäldern herbeifliegen werden, um singend ihre Brüste gegen die Dornen zu drücken. Aber die Gefährtin, die am besten zu ihr paßt, ist die Tuscany, der ein eigener Abschnitt in diesem Buch gewidmet ist.

Ein Wort zum Schnitt. Die York and Lancaster braucht im Grunde kaum beschnitten zu werden, lediglich im Abstand von einigen Jahren, wenn der Strauch droht, allzu sperrig zu werden. Aber bei der *Rosa mundi* sollten nach der Blüte alle schwachen Triebe entfernt und die verbliebenen im Frühjahr auf ein halbes Dutzend Augen zusammengestutzt werden.

Nun noch ein Wort zu den Wurzelschößlingen, diesen langen, kräftigen, stachligen Trieben, die die meisten gesunden Rosen an ihrer Basis hervorbringen und die weggeschnitten werden müssen, damit die Rose nicht wieder zu dem Wildling wird, der durch Okulation veredelt wurde. Mitunter ist schwer zu entscheiden, ob der neue Trieb ein Wurzelschößling oder ein wertvoller Sproß der veredelten Rose ist. Grob gesagt treibt ein Wurzelschößling unterhalb der Erdoberfläche (also aus der Rosenwurzel heraus), und das ist, wenn auch nicht ausschließlich, stets ein Hinweis darauf, daß der Trieb mit Argwohn zu betrachten ist. Ein Wurzelschößling hat üblicherweise größere und tückischere Stacheln als die veredelte Rose, und bei näherem Hinsehen unterscheiden sich auch die Blätter voneinander. Den nützlichsten Hinweis von allen erhielt ich mündlich von Mr. Bunyard – eine dieser einfachen Faustregeln, die aus irgendeinem Grund nie in Büchern zu finden sind. »Denken Sie daran«, sagte er, »daß ein Wurzelschößling nie mehr als sieben Blätter an einem Stiel haben kann, und daß von daher jeder Trieb, der mehr als sieben Fiederblättchen aufweist, unmöglich ein Wurzelschößling sein kann.«

ROSA GALLICA
TUSCANY

Ich fürchte, meine Auswahl an Alten Rosen könnte für willkürlich und sehr eingeschränkt gehalten werden. Begrenzt ist sie tatsächlich, und das bedaure ich. Es gibt kaum eine Art, die ich nicht gern beschrieben hätte, von der kleinen, kompakten De Meaux bis zu so lyrisch benannten wie der Cuisse de Nymphe émue, aber dem stand mein Wunsch nach Ausgewogenheit entgegen. Ich durfte nicht zu viele Rosen zum Nachteil anderer Blumen aufnehmen, und deshalb habe ich mich auf *Rosa mundi*, die Moosrose und die Gallicarose Tuscany beschränkt.

Einst scheint es eine Rose gegeben zu haben, die als Sammetrose bekannt war. Niemand weiß mit Gewißheit, welche mit diesem Namen gemeint war, aber es wird angenommen, daß sie eine Gallica gewesen ist. Niemand kennt ihre Ursprünge: Ist sie tatsächlich in Europa wild vorgekommen oder wurde sie aus dem Orient importiert? Diese Geheimnisse wurden bis heute nicht gelüftet. Sicher können wir nur sagen, daß der Name sehr anschaulich auf ihre mutmaßlichen Nachkommen hinweist, zu denen wir meine Favoritin Tuscany zählen müssen.

Die Sammetrose. Welch eine Wortkombination! Man ertrinkt nahezu in ihren sanften Tiefen, als würde man auf ein Bett aus Rosenblättern sinken. Wir können uns natürlich nicht wirklich auf Rosen betten, es sei denn, wir wären sehr dekadent und noch dazu sehr reich, aber wir können es uns bildlich vorstellen, wenn wir uns eine einzelne Rose dicht vor die Augen halten und auf innige Weise in unser Herz schließen. Das hört sich wunderlich sentimental an, genau wie der Schreibstil der meisten Gartenbücher, der mich dazu veranlaßt, sie mit einem Knall zuzuschlagen, aber in diesem Fall bemühe ich mich, meinem Ziel so nahe wie möglich zu kommen. Es lehrt einen etwas, lange und intensiv in eine Rosenblüte zu blicken, besonders in eine Rose wie die Tuscany, die sich flach öffnet (sie ist nur halbvoll) und dabei das erbebende und staubige Gold ihrer zentralen Vollkommenheit enthüllt.

Die Tuscany ist mehr als jede andere die heraldische Rose der Tudors. Die Petalen von dunkelstem Karmin kräuseln sich leicht nach

sie zu einer Zeit, in der Sie es am wenigsten erwarten, was stets eine erfreuliche Überraschung bedeutet.

Sie sollten die *Abutilon megapotamicum* daher an eine Stelle pflanzen, an der Sie häufig vorbeikommen, um täglich sehen zu können, was sie so treibt, ohne größere Umwege machen zu müssen. Ein weiterer Grund für einen solchen Platz besteht in der Tatsache, daß die Abutilon keine besonders auffällige Pflanze ist, die man über den halben Garten hinweg sieht, sondern verlangt, aus einer solchen Nähe betrachtet zu werden, als wäre man kurzsichtig. Und das kann man nur im Freien, denn wenn man sie schneidet und ins Haus holt, ist sie innerhalb einer Stunde verwelkt, was für die Pflanze ebenso unbefriedigend ist wie für Sie. Aber wenn man sich vor der Mauer, an der sie wächst, ins Gras setzt, kann man in die merkwürdigen Glocken hineinschauen, ungeachtet dessen, was die Leute um einen herum sagen. Die Pflanze ist nicht leicht zu beschreiben – keine Pflanze ist das, aber bei der Abutilon ist es besonders schwer. In meiner Verzweiflung schlug ich die offizielle botanische Beschreibung nach: »Blä. lanz., 68, gezähnt. Blü. 5, Sep. rot, Pet. gelb, Stamen lang und häng. (ähnl. einer Fuchsie)«.

Nun, in dieser lakonischen, wenn auch umfassenden Beschreibung gab es nur drei Worte, die mir weiterhelfen konnten: »ähnlich einer Fuchsie«. Und natürlich war mir das selbst schon aufgefallen. Die Abutilonblüte ist der einer Fuchsie ähnlich, sowohl in der Größe wie in der Form, nicht aber in der Farbe. Mir ist bewußt, welch eitle Hoffnung sich mit der Annahme verbindet, daß allen anderen Menschen ähnliche Vergleiche kommen wie einem selbst, aber mich erinnern sowohl Abutilon- wie Fuchsienblüten stets an das Russische Ballett. »Sep. rot, Pet. gelb« verwandelt sich für mich in ein knappes rotes Mieder über einem gelben Tutu, in eine hübsche kleine Gestalt, die auf den Stamen wirbelt wie auf Zehenspitzen. Fast kann man sie drehen wie einen Kreisel.

Abutilon megapotamicum hat einen Verwandten, *A. vitifolium*, der zwar häufiger gepflanzt, aber mit seinen blaßvioletten Blüten weniger interessant ist – zumindest für meinen Geschmack.

PRIMULA PULVERULENTA
BARTLEY STRAIN

Die ersten Jahre dieses Jahrhunderts, in denen eine so erstaunliche Zahl neuer Pflanzenschätze Eingang in englische Gärten fand, brachten uns neben anderen Entdeckungen im westlichen China auch die *Primula pulverulenta*, die gepuderte oder bemehlte Primel. Sie erfreute sich sehr schnell und mit Recht großer Beliebtheit, aber ihre karminroten Blütenköpfe sind, zumindest meiner Ansicht nach, eine recht grobe Angelegenheit verglichen mit dem Bartley Strain, ihrem sehr viel feineren Nachkommen. G. H. Dalrymple, der Züchter des Bartley Strain, war so freundlich, mir eine Schilderung seiner Entstehung zukommen zu lassen:

»Unter den ersten in diesem Land gezogenen Pflanzen von *P. pulverulenta* tauchte eine blaßrosa Abart auf … Ich war so eingenommen von dieser Pflanze und so begierig darauf, sie zu besitzen, daß ich alles daran setzte, Samen zu bekommen, da Pflanzen damals (1912) sehr teuer waren ... Um Samen zu erhalten, mußte ich Pollen der Stammpflanze mit dem rosafarbenen Sport kreuzen, und die daraus gewonnenen Sämlinge erbrachten zu neunundneunzig Prozent Pflanzen der arttypischen Farbe und nur eine Pflanze, die rosa blühte. In jahrelanger Arbeit erhöhte ich den Prozentanteil rosafarbener Blüten mit jeder Generation, bis 1921 die Trockenheit alle Pflanzen vernichtete mit Ausnahme von einer, die ein paar Samen produzierte. Von diesen erhielt ich rund einhundert Sämlinge zum Auspflanzen ... und im folgenden Frühjahr hatte ich rund fünfzig Prozent rosafarbener Pflanzen. Ich selektierte weiter, und die nächste Generation erbrachte eine noch bessere Prozentzahl, aus der ich die besten auswählte, um eine neue Generation zu entwickeln, die zu neunundneunzig Prozent aus rosafarbenen Pflanzen bestand. Noch eine Selektion, und die Anlagen der Stammpflanze waren völlig verschwunden und sind seither nie wieder durchgeschlagen.«

Uneingeweihte könnte die jahrelange Geduld erschrecken, die es kostet bis es gelingt, eine

neue Pflanze erfolgreich auf den Markt zu bringen. Aber Mr. Dalrymples Primel ist so wunderschön, als wollte sie ihn für alle Mühen der Vergangenheit entschädigen, die er ihretwegen auf sich genommen hat. *Primula pulverulenta* ähnelt im Wuchs der *P. japonica*, wie sie die geraden Blütenschäfte aus der Blattrosette erhebt und einen Blütenquirl nach dem anderen an ihnen ausbildet. Diese farblich perfekt harmonierenden rosa Blütenkränze winden sich um weißbemehlte Stiele, die so flauschig aussehen, wie Fell sich anfühlt. Es ist schwer, die Farbe mit Worten exakt wiederzugeben oder einen passenden Vergleich heranzuziehen: Pfirsichblüten wären bei weitem zu grob, Apfelblüten zu verwaschen, das Rosa einer Wolke im Sonnenuntergang viel zu rosa; es gibt auch keine Rose mit dieser Farbschattierung. Es handelt sich um ein sehr tiefes Rosa, das, wie mit Kreide bestäubt, durch einen feinen Schleier hindurchschimmert, der mit einer Puderquaste oder von einem Windhauch darübergelegt zu sein scheint.

Die Schönheit ihrer aufstrebenden Blütenschäfte kann man dadurch noch besser zur Geltung bringen, daß man die Pflanzen an einen steilen kleinen Hang setzt, so daß es aussieht, als würden sie in Reihen zu immer größerer

Höhe aufsteigen. Auf diese Weise werden die obersten Pflanzen einen halben bis einen Meter über den untersten stehen und eine Art kreidig rosafarbenen Teppich bilden – eine Wirkung, die sehr viel stärker ist als die einer massierten Anpflanzung auf gleicher Höhe. Als oberen Abschluß der Böschung empfehle ich Azaleen in einer passenden Farbe, und davon gibt es viele.

Bei der Verwirklichung dieses Plans stößt man allerdings auf eine Schwierigkeit: Steile Böschungen haben einen natürlichen Wasserabzug, diese Primel zieht jedoch einen den größten Teil des Sommers über kühlen und feuchten Platz vor. Daher sollten Sie dafür sorgen, daß Ihr Hang möglichst kühl und feucht ist, sonst werden die Pflanzen zwar an seinem Fuß gedeihen, weiter oben aber verdorren und eingehen. Was sich wie eine idealistische Vorstellung anhört, kann möglich werden, wenn man in seinem Garten über eine nach Norden gelegene, von Bäumen und Sträuchern beschattete Böschung verfügt, die die Pflanzen vor der sengenden Sonne schützen. Dann können sich sowohl Ihre Azaleen als auch Ihre Primeln vor der Mittagshitze verstecken und – ohne zu verbrennen – in reicher Fülle blühen und Kraft für das nächste Jahr sammeln.

Eine Warnung: Falls Sie Samen von Ihren Pflanzen gewinnen wollen, sollten Sie darauf achtgeben, daß Ihnen die Mäuse nicht zuvorkommen. *Primula pulverulenta* ist die einzige ihrer Art, auf die es die Mäuse abgesehen haben.

Primula littoniana
Orchideenprimel

Über botanische Klassifizierungen zerbricht sich ein Amateurgärtner in der Regel nicht den Kopf. Bezeichnungen wie *Scrophulariaceae* oder *Crassulaceae* erzeugen bei ihm nur Langeweile und erregen seinen Widerwillen. Ich glaube jedoch, daß einige der natürlichen Gattungen auf Anhieb zu erkennen sind und daß wir den großen Familien der Rosen und Lilien ruhig die der *Primulaceae* hinzufügen sollten. Denn ohne sie müßten wir auf Kissenprimeln, Schlüsselblumen, Aurikeln, die Polyantha-Hybriden und zahllose andere Arten verzichten.

Allein das Fehlen von Kissenprimeln und Polyantha-Hybriden mit ihrer Vielfalt an Farben würde den Frühlingsgarten sehr viel ärmer machen, als uns vielleicht bewußt ist. Wenn man bedenkt, daß sie inzwischen in Blau, Violett, Lila, Purpur, Magentarot, Gelb, Weiß, Rubinrot, Bronze und Orange vorkommen, wenn man weiterhin bedenkt, daß sich ihre Blütezeit im

April und Mai über fast zwei Monate erstreckt und daß man selbst im Herbst und in einem milden Winter vereinzelte Blüten finden kann, und wenn man sich darüber hinaus daran erinnert, daß sie sich nahezu unendlich vermehren lassen, entweder durch Selbstaussaat oder durch Teilung, sollte man sie nicht geringschätzen. Nur wenige Pflanzen zeigen sich so dankbar und gefällig. Der kleinste bewurzelte Teil wächst weiter, und es ist sogar möglich, sie in voller Blüte umzupflanzen: Sie scheinen den Wechsel kaum zu bemerken. Ein kühler Boden und der lichte Schatten, der auch unseren einheimischen Schlüsselblumen behagt, ist alles, was sie verlangen.

Die hohen Primeln, ihre vornehmeren Verwandten, zeigen sich natürlich nicht alle so genügsam. Sie sind die Aristokraten ihrer Gattung und erheben Anspruch auf gewisse Launen. Einige von ihnen scheinen jedoch immerhin demokratisch genug eingestellt zu sein, unseren Wünschen so bereitwillig entgegenzukommen wie die Kissenprimeln und die Polyantha-Hybriden. So sind *Primula japonica* und die gelbe *P. sikkimensis* um die halbe Welt gereist, bis sie England erreichten, zeigen aber keinerlei Allüren, sondern lassen sich zufrieden an den schat-

tigen Ufern unserer Wasserläufe nieder, beschenken uns überschwenglich mit Samen und wachsen schnell zu teilbaren Horsten in der Größe von Kohlköpfen heran. Doch von diesen möchte ich im Augenblick nicht sprechen. Mir geht es um die eher ungewöhnliche *Primula littoniana*, die aus Yunnan stammt und die viele Leute bewundern, wenn sie auf Blumenschauen ausgestellt wird, aber nur selten in ihren Gärten ziehen. Sie scheint zu den Pflanzen zu gehören, die man in den Katalogen der Staudengärtnereien zwar mit einem Kreuzchen versieht, es dann aber dabei beläßt. Ich weiß nicht recht, warum. Sie ist sehr schön und nicht schwer zu ziehen. Diese Primel hat es gern kühl, schattig und ziemlich feucht, mit viel Laubhumus um die flachen Wurzeln herum und ausreichend Schutz vor der brennenden Sonne. Unter diesen Bedingungen sollte sie eigentlich gut gedeihen. Aber hoffen Sie nicht darauf, ihre Kolonie durch Aussaat vergrößern zu können, denn in dieser Hinsicht zeigt sie sich höchst unwillig. Ihre einzige Chance besteht darin, kräftige Pflanzen zu teilen.

MUTISIA RETUSA
MUTISIE

Seit ihrer Ankunft aus Chile vor nicht allzu langer Zeit scheint die *Mutisia retusa* nicht sehr an
Beliebtheit dazugewonnen zu haben. Ich denke,
das liegt daran, daß sie bislang nur wenigen
Amateurgärtnern bekannt ist. Sie braucht mehrere Jahre, um sich einzugewöhnen, so daß
vergleichsweise wenig Menschen Pflanzen besitzen, die alt genug sind, um ihre ganze Schönheit zu entfalten. Sonst wäre sie längst in jedem
Garten zu finden, denn eine solche Pflanze nur
einmal zu Gesicht zu bekommen, reicht aus,
um Neid und Nachahmung hervorzurufen.

Sie ist ein Klettergewächs mit sternförmigen
Blüten – die denen einer Clematis ähneln – weder prunkvoll noch besonders auffällig, treten
aber in großer Anzahl auf. In den ersten zwei
bis drei Jahren nach der Pflanzung wird sie sich
nur wenig entwickeln und kaum blühen, und
wenn doch, dann kümmerlich, enttäuschend
und ziemlich staksig, verglichen mit den volle-

ren, abgerundeten Blütenblättern, die mit zunehmendem Alter folgen. Ähnlich dem Wein gewinnt auch die Mutisia mit den Jahren an Qualität. Sie braucht Zeit zum Reifen. Reißen Sie sie nicht enttäuscht heraus, wenn sie noch jung ist. Überlassen Sie sie lieber ganz sich selbst, bis sie Sie eines Tages im Juli mit einer rosafarbenen Wolke überrascht, die sie ungehemmt über den Baum wirft, an dessen Fuß Sie sie gepflanzt haben.

Sie müssen die *Mutisia* allerdings an den Fuß eines Baumes setzen, den Sie zu opfern bereit sind. Ihr gefällt es nicht, etwa an einer Mauer zu ordentlichem Wuchs angehalten zu werden. Sie strebt gern durch ein Gewirr von Ästen in die Höhe, windet sich an ihnen entlang, bis sie das Sonnenlicht erreicht hat und mit ihren erstaunlichen Haftranken über jeden einzelnen Zweig ihres Wirtsbaumes kriechen kann. Offensichtlich gerät dem Wirt diese Behandlung nicht zum Besten, wie ideal es für seinen Gast auch sein mag, und daher müssen Sie einen Baum auswählen, dessen Verlust Sie nicht schmerzen wird. Ein alter Apfel, eine alte Birne sind gut geeignet oder, noch besser, eine wenig geschätzte Eibe von der Größe und Gestalt, wie man sie auf Dorffriedhöfen findet. Wenn ein solches

Exemplar in irgendeiner Ecke Ihres Gartens wächst, und Sie es als zu trübselig empfinden (was manche Leute tun, obwohl ich ihnen da nicht zustimmen kann), dann geben Sie ihm *Mutisia retusa* zur Seite und verwandeln Sie die dunkelgrüne Düsternis in eine girlandenförmige, erstickende Flut rosafarbener Sternblüten. Das strenge Dunkelgrün der Eibe hebt das mädchenhafte Rosa der Kletterpflanze hervor; sie wirken wie eine lebende Parabel von Alter und Jugend.

Der große Gärtner William Robinson kannte sich hervorragend mit dem Geheimnis aus, eine Pflanze in eine andere hineinwachsen zu lassen. Es war, als hätte er das System der tropischen Wälder, die er nie mit eigenen Augen gesehen hat, auf einen englischen Garten übertragen. Er konnte keine Orchideen den Wipfeln von Baumriesen der Sonne entgegentreiben, aber er konnte Girlanden von Rosen und Clematis hoch hinauf in seine englischen Bäume schleudern, so daß sie an verblüffenden Stellen hängenblieben, hoch droben, wo der konventionelle Gärtner nie nach ihnen Ausschau halten würde. Ich frage mich, was er mit *Mutisia retusa* getan hätte. Zweifellos hätte er sie irgendwo in die Luft geworfen, damit sie wie eine rosa-

farbene Decke zur Erde zurückschwingt und
sich genau über den dunklen Untergrund legt,
nach dem sie verlangt.

LILIUM REGALE
KÖNIGSLILIE

Der Dank, den wir Gärtner im behaglichen England den mutigen Botanikern schulden, die ihr Leben in gefährlichen Territorien riskieren, kann nicht hoch genug ausfallen. Sicher und bequem warten wir privaten Gärtner darauf, daß die Samen oder Zwiebeln von bislang unbekannten Pflanzen ihren Weg in die Kataloge der Gärtnereien finden. Und wir neigen dazu, die Mühsal zu vergessen, die solche Erwerbungen möglich macht. Wir vergessen die Abenteuer, die Gefahren, die Belastungen, die Menschen auf sich nahmen, um uns gelegentliche Käufer ihrer Errungenschaften reich zu beschenken. Wir vergessen die aufwendigen Vorbereitungen ihrer Expeditionen, die Mühen, einheimische Träger, Maulpferde, Ausrüstung und was auch immer zu bekommen, die langen Trecks über unsichere Pfade, die beunruhigenden Nächte und Tage, das häufige Schweben zwischen Leben und Tod, den erregenden und

unvergleichlichen Augenblick, wenn nach all diesen Mutproben und der Ausdauer plötzlich der Lohn in Form einer Pflanze zuteil wird, die europäischen Augen bis dato unbekannt war. Was für ein Moment für den Sammler, wenn er nach all seinen Strapazen, Kosten und Anstrengungen beinahe zufällig auf einen unvermuteten Preis stößt – ein Moment, der fast mit der Entdeckung einer mathematischen Formel oder dem Verfassen einer großartigen Gedichtzeile zu vergleichen ist. Denn indem er sich auf sein hochgestecktes Ziel und das damit verbundene Abenteuer einläßt, wird der Erforscher unbekannter Pflanzen dem kreativen Künstler ebenbürtig.

Heute (1937) ist die *Lilium regale*, die Königslilie, ein gewohnter Anblick in unseren englischen Gärten, und wir vergessen, daß sie erst 1905 von Ernest Wilson im westlichen China entdeckt wurde. Die Zwiebeln waren rar und blieben für einige Jahre sehr kostspielig, aber dank der Leichtigkeit, mit der die Königslilie aus Samen gezogen werden kann – nur zwei bis drei Jahre sind nötig, um eine blühfähige Zwiebel heranzuziehen – sanken die Preise sehr schnell, und die Zwiebeln sind nun für wenige Pence erhältlich. Viele Amateurgärtner säen ihren eigenen Samen aus, der so bereitwillig keimt wie Senf oder Kresse. Die Natur ist der penibelste aller Verpacker, und jede Samenhülse enthält Tausende winziger, mit höchster Präzision übereinander geschichteter Kapseln, so daß Sie, sofern Sie gewillt sind, sich der Mühe des Säens und Pikierens zu unterziehen, kostenlos morgengroße Flächen mit *Lilium regale* bepflanzen könnten.

Zu voller Reife herangewachsen, kann *Lilium regale* mit Fug und Recht als die dankbarste aller Lilien bezeichnet werden. Sie erreicht gut einen Meter Höhe und trägt bis zu dreizehn, vierzehn der weißen trichterförmigen Blüten (wenn auch fünf oder sechs eher die Norm sind), deren Äußeres rosapurpurfarben überlaufen und deren Schlund chromgelb ist. Die Höhe von einem Meter wird leicht überschritten, und Amateurgärtner werden Ihnen stolz von zwei Dutzend Blüten an einem einzigen Stengel berichten. Der Duft ist so kräftig wie der der *Lilium auratum* – so intensiv, daß zwei oder drei Blütenstiele im Raum den meisten Menschen ausreichen. Sie stellt keine besonderen Ansprüche an den Standort, auch wenn allgemein angenommen wird, daß sie pralle Sonne bevorzugt, und obwohl sie in ihrer Heimat, dem Flußtal des Min,

»üppig in Felsspalten gedeiht, während des größeren Teils des Jahres von der Sonne bestrahlt«, habe ich sie auch auf der Nordseite einer hohen Mauer erfreulich wachsen und blühen gesehen. Die einzige Gefahr, die ihr droht, scheinen späte Fröste zu sein, und während eines verheerenden Kälteeinbruchs im Mai vor wenigen Jahren rollten sich die jungen Stiele über Nacht schlaff zusammen und wurden braun. Die Zwiebeln blieben unbeeinträchtigt, aber Blüten gab es in jenem Jahr nicht. Die Lehre daraus: Werfen Sie ein paar Farnwedel über die Pflanzen, wenn kaltes Wetter droht, oder ziehen Sie die Lilien dort, wo sie den Schutz niedriger Sträucher genießen, etwa den eines Lavendels.

Lilium giganteum
Riesenlilie

Ein größerer Kontrast als der zwischen der
zarten Anmut meiner ›Malerblumen‹, dem Go-
belinzauber Alter Rosen und der turmhohen
Pracht der Himalaja-Lilien ist kaum denkbar.
Zu großartig, um vulgär genannt zu werden,
irritiert sie dennoch durch ihre enormen Aus-
maße. Unbewußt setzt man sich im Hinblick
auf die Maße einer Pflanze bestimmte Grenzen, und diese hier übersteigt sie alle. Fast sieht
es so aus, als hätte sie sich den Proportionen
ihrer gewaltigen Heimat angepaßt. Denn ich
glaube, keine Landschaft der Welt ist von so
ehrfurchtgebietender Majestät wie die großartigen Gebirge Zentralasiens. Farrer entdeckte
sie in Tibet, und jeder Leser seiner Bücher wird
eine gewisse Vorstellung von dieser abgelegenen
und einsamen Region haben, wenig bereist und
durch Karten kaum erschlossen, in der es wenige Menschen, aber Blumen in Hülle und Fülle
gibt – eine faszinierende Population, die den

Anschein erweckt, sie solle die Härten des Lebens, die Unwirtlichkeit des Klimas und die Einsamkeit der Berghänge ausgleichen.

Und so hat die Riesenlilie, um sich nicht übertreffen zu lassen, ihre Gestalt den großartigen Schluchten, schroffen Abgründen und zahllosen Gipfeln angepaßt. In einem englischen Garten wirkt sie in der Tat bestürzend, aber in ihrer Heimat braucht sie eine gewisse kraftstrotzende Größe, um als würdige und angemessene Zierde bestehen zu können, mit ihren langen, stummen Trompeten und den dunklen, stillen Blättern einer Skulptur ähnlich. Ich weiß nicht, welche Höhe sie in ihrer Heimat erreicht, aber in England wird sie mühelos drei Meter groß, und wie ich hörte, soll sie es in Schottland auf mehr als vier bringen.

Wenn eine Gruppe dieser Lilien in der Dämmerung oder im Mondlicht aus dem Schatten eines kleinen Hains hervor leuchtet, ist das ein wahrhaft imposanter Anblick. Der Duft ist überwältigend, und er scheint das einzige Anzeichen für Leben zu sein, zu dem sich diese Wachtposten herablassen, die eine so eigentümliche Aura der Stille ausstrahlen. Ich würde sie gern zwischen Birken wachsen sehen, deren bleiche Stämme mit den seltsam grünlichweißen

Trichtern der Blütenstände harmonieren würden. Bedauerlicherweise haben nicht alle von uns ein Birkenwäldchen gerade dort, wo wir es uns wünschen. Und selbst wenn wir eines anzulegen beabsichtigen, würden den jungen Birkenstämmen doch das Timbre der alten fehlen. Aber auch Erlen könnten sich eignen; sie verfügen über die notwendige Blässe und Geisterhaftigkeit.

In Ermangelung beider Baumarten wird auch ein Haselnuß- oder Kastanienwäldchen bereitstellen, was nötig ist: Schatten und Kühle, denn die Riesenlilie kann von beidem eine Menge vertragen. Dann müssen Sie ein sechzig bis achtzig Zentimeter tiefes Loch ausheben, um es mit dem Nahrhaftesten zu füllen, das Sie auftreiben können: mit Laubhumus, Torf und gut verrottetem Stalldung. Dieser einfache Rat erinnert mich an den bestürzten Ausruf einer Freundin: »Es will mir so vorkommen«, sagte sie, »daß diese Lilie alle erdenklichen Vorzüge, aber nur vier Nachteile hat. Sie ist sehr teuer, es dauert drei Jahre, bis sie blüht, nach der Blüte stirbt sie ab, und man muß ein totes Pferd unter ihr begraben, damit sie sich überhaupt zum Blühen entschließt.«

Diese Einwände sind durchaus berechtigt. Eine blühfähige Zwiebel kostet fünf Shilling, sie stirbt nach der Blüte ab, und sie möchte gut versorgt werden. Andererseits bringt sie eine Reihe Brutzwiebeln hervor, die Sie abnehmen und kultivieren können, um auf diese Weise einen unerschöpflichen Bestand zu erhalten. Am vernünftigsten ist es, die Anzahl dreijähriger Zwiebeln zu kaufen, die man sich leisten kann, und dazu einige zweijährige, die billiger sind. Bis auch die zweijährigen verblüht und abgestorben sind, verfügen Sie bereits über ein paar dreijährige Zwiebeln für die Zucht, und dann sind Sie dauerhaft versorgt.

Hat man im Oktober ein Loch ausgehoben und mit nahrhafter Erde aufgefüllt, setzt man die Zwiebeln so flach hinein, daß ihre obere Spitze odcr Nase gerade über die Erdoberfläche hinausragt. Es empfiehlt sich, die Zwiebel mit einer Laub- oder Farnkrautdecke gegen späte Fröste zu schützen. Es empfiehlt sich weiterhin, gleich bei der Pflanzung Stützstäbe im Boden zu versenken, denn die sind vonnöten, und wenn man sie später einrammt, läuft man Gefahr, die Wurzeln oder sogar die Zwiebeln selbst zu beschädigen. Sorgen Sie beim Blattaustrieb im Frühling rechtzeitig für Schneckenköder, denn die Schnecken greifen unbarmherzig an, und die glänzende Vollkommenheit der riesigen

Blätter ist etwas, was sorgsam bewacht werden sollte. Dann warten Sie auf den Juni, in dem Sie mit Ihrer Belohnung rechnen dürfen.

Im folgenden Oktober graben Sie die ausgedienten Zwiebeln aus und werfen sie fort – jedoch erst, nachdem Sie die Brutzwiebeln gesichert haben, die sich um die Mutterzwiebel drängen wie Küken um die Henne.

ZINNIA
ZINNIE

Anthologen empfinden häufig ein besonderes Vergnügen darin, die groben Schnitzer zu zitieren, die angesehenen Autoren in botanischen Fragen unterlaufen. Bisher hat jedoch noch kein Anthologe auf den Lapsus verwiesen, den Walter Pater damit beging, daß er in MARIUS THE EPICUREAN seine Römer auf die Suche nach Zinnien gehen ließ, um sie sich mit ihnen schmücken zu lassen. »Sie besuchten den Blumenmarkt und verweilten dort, wo ihnen die *coronarii* die neusten Spezies aufdrängten, und erwarben Zinnien (sic), die gerade in voller Blüte standen (wie gemalte Blumen, dachte Marius), um mit ihnen die Falten ihrer Togen zu verzieren.« Nun, entweder hat Pater seine botanischen Informationen von Fachleuten für Römische Geschichte bezogen und wird nachträglich von uns in Verlegenheit gebracht, oder er folgte einfach seiner Phantasie bei der Suche nach einer Blume, die er für den Schmuck einer Toga am geeignetsten befand. Wenn er sich auf seine Phantasie verließ, irrte er gründlich. Denn Zinnien sind in Amerika und Mexiko heimisch, und da Marius im zweiten Jahrhundert in Rom lebte, ist Pater der Zeit um zwölf Jahrhunderte vorausgeeilt: Er hat Rom um eine Blume von einem Kontinent bereichert, dessen Entdeckung erst eintausendzweihundert Jahre später anstand. Ich vermute, das fällt unter den Begriff dichterische Freiheit.

In der Realität wurde die ursprüngliche Zinnie oder *Zinnia elegans* 1796 in Europa eingeführt und seither zu den Varietäten ›veredelt‹, die wir heute kennen und in unseren Garten pflanzen. Viele Blumen verlieren durch diese sogenannten Veredelungen, die Zinnie hat durch sie dazugewonnen. Manche Menschen behaupten, sie wirke zu künstlich, und in gewisser Weise haben sie recht. Sie sieht aus, als wäre sie aus Kartonpapier ausgeschnitten und sinnenreich zu einer Blüte zusammengeklebt worden. Sie ist so steif, geziert, korrekt und exakt, von fast geometrischer Präzision, daß viele Menschen, die romantischere, überschwenglichere Blumen bevorzugen, sie allein wegen ihrer Steifheit und ordentlichen Regelmäßigkeit ablehnen. »Abgesehen davon«, sagen sie nicht ohne Berechtigung, »macht sie uns eine Menge Schwierig-

keiten. Sie ist in diesem Land nicht winterhart und muß daher im Februar oder März unter Glas ausgesät, dann pikiert und im Mai dorthin ausgepflanzt werden, wo sie blühen soll. Wir müssen sorgfältig darauf achten, die Sämlinge nicht zu stark zu gießen, weil sie sonst an der Umfallkrankheit eingehen. Dann, wenn wir sie ausgepflanzt haben, müssen wir nach den Schnecken Ausschau halten, deren Vorliebe für Zinnien die unsere bei weitem übersteigt. Warum sollten wir diese Mühsal für eine Blume auf uns nehmen, von der wir genau wissen, daß sie dem ersten Herbstfrost zum Opfer fällt?«

Solche Einwände treffen uns wie Schlagstöcke, und es bedarf einiger Anstrengung, unsere Entschlossenheit dadurch wiederherzustellen, daß wir uns das farbenfrohe Beet in Erinnerung rufen, das uns im vorherigen Jahr viele Wochen lang Freude bereitet hat. Denn es gibt wenige Blumen, die derart leuchten ohne grell und grob zu wirken, und da sie Sonnenanbeter sind, wird der sonnige, trockene Platz, an den wir sie gesetzt haben, ihren starren Blütenköpfen und ihrer bunten Vielfalt der Farben ein Höchstmaß an Licht zukommen lassen. Ob wir sie in einer Mischung anpflanzen (deren Samen zu meinem Bedauern unter der Bezeichnung

›Künstlerfarben‹ angeboten werden), oder die rosa von den orangefarbenen und die roten von den magentabraunen trennen, ist eine Frage des Geschmacks. Ich persönlich liebe sie kunterbunt durcheinander, daß sie aussehen wie die Farbspritzer auf einer Palette, und ich mag sie ganz für sich allein, ohne die Gesellschaft anderer Pflanzen.

Als Schnittblumen sind sie von unschätzbarem Wert: Nie lassen sie die Köpfe hängen, und sie halten sich nahezu wochenlang.

TIGRIDIA
TIGERBLUME

»Können in einer heißen, trockenen Rabatte erfolgreich gezogen werden.«

Dieser Hinweis ist typisch für die Empfehlungen in Gartenbüchern und Samenkatalogen, die Engländer zu der Frage veranlassen, wo sie in diesem Land eine heiße, trockene Rabatte finden sollen. Wie sie sehr wohl wissen, neigen Rabatten vielmehr dazu, infolge des Sonnenmangels kühl und infolge des Übermaßes an Regen feucht zu sein. Mit Neid fallen ihnen die Böden an den Berghängen der Provence ein, die als heiß und trocken gelten dürften und damit das passende Domizil für Sonnenanbeter wie die mexikanische Tigerblume darstellen. Sie denken an die Reihe sonnendurchfluteter Tage, die nur gelegentlich von einem Gewitter unterbrochen wird. (Auf diese Weise idealisieren wir fremde Klimate und vergessen die Nachteile, mit denen wir uns nicht auseinanderzusetzen haben.)

Dennoch brauchen wir die Hoffnung nicht aufzugeben, denn es gibt etliche Möglichkeiten

der Improvisation, die empfohlenen Bedingungen zu schaffen oder zumindest zu simulieren. Wir können zwar keine Sonne herbeizaubern, wenn sie sich verweigert, aber wir können unser Beet immerhin dort anlegen, wo es jeder verfügbare Sonnenstrahl trifft, also entweder nach Süden oder Osten ausgerichtet; und wir können einiges in puncto Trockenheit unternehmen. Für Trockenheit, das heißt für eine gute Drainage, können wir dadurch sorgen, daß wir das Beet entweder an einer Böschung oder, umgeben von einer Steinumrandung, erhöht auf einer Unterlage aus Bauschutt, Kies oder Schlacke anlegen. Beide Methoden erfordern Mühe und Arbeit. Sehr viel einfacher wäre es, einen kleinen Spaziergang um das Haus herum zu unternehmen und dabei einen nach Süden oder Osten gerichteten kleinen Streifen Beet ausfindig zu machen, der durch den überhängenden Dachvorsprung fast gänzlich vor Regen geschützt ist. In einer solchen Lage gelingt es höchstens heftigen, von Wind begleiteten Sommerregen, den zwanzig bis dreißig Zentimeter tiefen Erdstreifen am Fuß der Hausmauer zu durchnässen. Der Boden bleibt locker und krümelig, und das ist ein idealer Platz für Tigridien.

Daher schwebt mir ein langes schmales Beet

im Schutz des Dachvorsprungs vor, das dieser glänzenden und vergänglichen Blume ganz überlassen wird. Lassen Sie mich diese beiden Eigenschaften näher erläutern. Die Beschreibung ›glänzend‹ wird auf Blumen häufig zu rasch und zu unbesonnen angewandt, doch auf die Tigridia mit vollem Recht, denn ein Beet mit dieser Mexikanerin erinnert tatsächlich an einen Schwarm riesiger leuchtender Insekten, der sich auf grünen Blättern niedergelassen hat, aber bereit ist, jeden Augenblick davonzufliegen. Sie sehen aus wie gigantische Schmetterlinge, flach, offen, mit ausgebreiteten Flügeln; weiß, gelb, orange, karmin, getupft oder gefleckt und wundervoll geformt. Aber vergänglich, kurzlebig. Wie von einer solchen Schmetterlingsblume nicht anders zu erwarten. Wenige Stunden nach dem Erblühen schließt jede einzelne Blüte ihre Petalen wieder und hängt traurig herab. Und es will einem fast tragisch erscheinen, daß die Schöpfung so verschwenderisch ist, daß das überraschende Blühen, das man am Vormittag entdeckt hat, am Nachmittag bereits vergangen sein soll. Doch als großartige Entschädigung ist am nächsten Morgen ein neuer Insektenschwarm da, wie ein Trost nach flüchtiger Enttäuschung.

Daher empfiehlt es sich, die Tigerblume oder Tigeriris (denn die Tigridien gehören zur Familie der Iris) zu Dutzenden oder Hunderten zu setzen. Nur in Mengen gepflanzt, zeigt sie ihre ganze Pracht. Jede Pflanze blüht reich, aber man benötigt viele, um den täglichen, stündlichen Wunsch nach ihren Blüten zu befriedigen. Wie Dahlien und Gladiolen sollten sie im Herbst aus der Erde genommen und in einen Raum gebracht werden, in dem ihnen Frost und Mäuse nichts anhaben können. Aber im Gegensatz zu Dahlien und Gladiolen braucht man sie nicht festzubinden, denn sie werden nicht hoch – ein großer Vorteil gegenüber den geläufigeren und gängigeren Blumen, die im Gegensatz zu den Tigridien in jedem Garten zu finden sind.

GERBERA JAMESONII
TRANSVAAL-MARGERITE

Es gibt Blumen, über die nichts Bedeutenderes
zu sagen ist, als daß man nun einmal Gefallen
an ihnen findet. Eine solche Blume ist für mich
die *Gerbera jamesonii*. Sie hat, soweit ich weiß,
keine spannende Geschichte, ihre Entdeckung
war nicht mit Gefahren und Schwierigkeiten
verbunden, sie stammt nicht aus dem Milieu
wilder Berge und asiatischer Klimate. Sie hat
so gar keine Aura von Abenteuer; sie hat nie-
manden das Leben gekostet. Sie muß allein aus
sich heraus wirken.

Ich sah sie erstmals im Schaufenster eines
Blumengeschäfts, wo sich ihre Blüten aus einem
vergoldeten Korb mit rosa Schleifen erhoben.
Eine abstoßendere Präsentation war kaum vor-
stellbar, ein sichereres Mittel, einen für immer
gegen die Pflanze einzunehmen, nicht denkbar,
und doch sagte mir etwas an dieser armen, miß-
handelten Blume sofort, daß sie eigentlich sehr
hübsch sei, sogar so hübsch, daß ich darunter

litt, sie derart mißverstanden zu sehen. Ich ging hinein, um mich nach ihrem Namen zu erkundigen, aber die junge Verkäuferin starrte mich nur mit offenem Munde an, wie sie es fast immer tun, wenn man Fragen zu ihrem Angebot stellt, die mit dem Preis nichts zu tun haben. Erst später, bei einer Blumenausstellung, fand ich heraus, daß es sich um *Gerbera jamesonii* handelte, auch Transvaal-Margerite genannt. Keiner der beiden Namen gefiel mir besonders gut, die Blume selbst hingegen sehr. Sie schien fast jede Farbe in sich zu vereinigen, die man sich nur wünschen kann, vor allem ein Korallenrot und ein sattes Gelb, und jedes Blütenblatt war so glatt und glänzend wie das einer Ranunkel. Lange, schlanke Stengel und eine tadellos aufrechte Haltung: im großen und ganzen eine sehr reinlich, sauber wirkende Blume - sie sieht in der Tat aus wie frisch lackiert.

Der Veranstalter der Ausstellung war besser informiert als die Verkäuferin im Blumengeschäft. Die Gerbera könne in diesem Land den Winter nur überstehen, sagte er, wenn sie unter sehr trockenen Bedingungen am Fuß einer schützenden, wärmenden Mauer gehalten würde. So gesehen sei sie durchaus als perennierende Staude zu bezeichnen. Da ich jedoch

weiß, daß Züchter häufig optimistischere Empfehlungen abgeben als angebracht, beschloß
ich insgeheim, sie in einem unbeheizten Gewächshaus zu ziehen. Bei diesem Haus handelt
es sich um einen Anbau mit Pultdach an der
Backsteinmauer eines alten Stallgebäudes. Am
Fuß der Mauer verläuft ein rund zwei Meter tiefes Beet, und das ist der ideale Ort für Pflanzen
wie die Gerbera, die nicht ohne Risiko im Freien
gelassen werden können. Ich frage mich, warum Leute, die glücklich genug sind, über solche
Pultdächer an Anbauten zu verfügen, sie nicht
öfter für diese Zwecke nutzen. Es bedeutet
zwar, auf alle Regalbretter an der Hausmauer
zu verzichten, aber die Entschädigung ist hoch.
Regalbretter bedeuten Töpfe, und Töpfe bedeuten Gießen und regelmäßiges Umtopfen, um
Wurzelschäden vorzubeugen, während direkt
in den Boden gesetzte Pflanzen ihre Wurzeln
bis nach Australien ausstrecken können, wenn
sie Lust dazu haben. Darüber hinaus kann man
den Boden allen Bedürfnissen anpassen, vor
schlechtem Wetter geschützt arbeiten, kann
über Hagelschauer, späte Fröste und gefräßige
Kaninchen lachen – bis zu einem gewissen
Punkt sogar über Schnecken. Diese Methode
des Gärtners hat mit Sicherheit einiges für sich.

Ich sah einmal ein Pultgewächshaus, in dem Lilien gezogen wurden. Die Wand war mit hellblauer Leimfarbe gestrichen, in diesem besonderen Ton, den man erzielt, wenn an italienischen Bauernhäusern rankender Wein mit Kupfersulfat gespritzt wird. In der Mitte befand sich ein rechteckiges Wasserbecken, in dem blaue Seerosen wuchsen und in allen vier Ecken üppige Agapanthushorste. Die hohen Lilien standen kerzengerade, makellos und bleich vor dem eigentümlichen Blau der Mauer. Am liebsten ging ich nach Einbruch der Dunkelheit in dieses Haus hinein, wenn der einzige elektrische Reflektor unter dem Dach eine Art Flutlicht verbreitete – unwirklicher und weniger irdisch als alles, was ich je gesehen hatte.

Aber ich will ganz aufrichtig sein. In Wirklichkeit habe ich dieses Haus nie gesehen. Ich habe nur gehört, wie darüber gesprochen wurde, bevor es entstand. Und dann nahm es in meinem Geist Gestalt an und wurde zu dem, was ich mir wünschte. In meinen Gedanken fügte ich das Becken hinzu, die Kupfersulfatschicht, das Flutlicht und die bleichen Lilien. In der Phantasie wurde es wundervoll. Vielleicht ist es inzwischen gebaut worden, vielleicht auch nicht. Beinahe hoffe ich nicht.

SALPIGLOSSIS
TROMPETENZUNGE

Früher oder später muß man zu einer Entscheidung darüber gelangen, ob es sich lohnt, empfindliche einjährige Sommerblumen anzupflanzen oder nicht. Sie beanspruchen viel Zeit, und wenn der erste Frost sie vernichtet hat, dann sind sie für immer dahin und unsere Arbeit auch, denn anders als die härteren Einjährigen setzen sie ihre Blüte nicht im nächsten Jahr über ausgesamte Kinder fort. Natürlich kann man den Aufwand dadurch minimieren, daß man den Samen im April oder Anfang Mai im Freien an Ort und Stelle verstreut, anstatt sich an die herkömmlichere Methode zu halten und im Winter oder zu Beginn des Frühjahrs die Samen in Schalen unter Glas auszusäen. Doch man geht damit stets das Risiko ein, daß späte Fröste in einer einzigen Nacht die gesamte Kultur von Jungpflanzen vernichten. Man ist im allgemeinen besser beraten, sich an die bewährte und sichere Methode zu halten, mit dem anschließenden Pikieren und Aussetzen der jungen Pflanzen. In jedem Winter nehme ich mir ernsthaft vor, diesen Aufwand endgültig zum letzten Mal zu betreiben, und in jedem Sommer, wenn ich die Ergebnisse meiner Bemühungen sehe, widerrufe ich meinen Entschluß wieder. Aber immerhin bin ich mittlerweile soweit, mich auf die wenigen empfindlichen Einjährigen zu beschränken, ohne die ich nicht sein kann. Unter ihnen nehmen die Zinnien und die Salpiglossis' einen hohen Rang ein.

Die Salpiglossis ist bereits 1820 aus Chile nach England gekommen und gehört zu den Pflanzen, die von der Aufmerksamkeit ungemein profitierten, die die Züchter ihrer Urform schenkten. Bis auf ihren Namen gibt es nichts, was an dieser Blume nicht bezaubernd wäre. Ich wünschte wirklich, sie hätte einen passenden englischen Namen, anstelle dieses verballhornt griechischen (von *salpigx*, Trompete, und *glossa*, Zunge), aber falls es eine englische Bezeichnung für sie gibt, so habe ich nie von ihr gehört. Vielleicht wird die permanent falsche Aussprache ihres Namens im nächsten Jahrhundert für eine nicht wiederzuerkennende Variante sorgen, denn es gibt wenige botanische

Bezeichnungen, die der Zunge mit ihrer Abfolge von Vokalen und Konsonanten größere Schwierigkeiten bereiten. Es scheint für englische Zungen unmöglich zu sein, nicht irgendwo ein zusätzliches ›p‹ oder ›s‹ einzufügen: Ich habe sie nicht selten ›Salpiglopsis‹ oder ›Salpisiglossis‹ sagen gehört, beides unglücklicherweise noch abscheulicher als das Original. Ich frage mich, wie sie in Chile genannt wird.

Doch, abgesehen von ihrem Namen, ist sie, wie ich schon sagte, ganz bezaubernd. Meiner Ansicht nach übertrifft sie ihre Verwandte, die Petunie, in jeder Hinsicht. Vielfalt und Reichtum der Farben sind erstaunlich. Man kann sie Purpur mit Gold haben, Rubinrot mit Gold oder auch in Weiß mit Gold, wobei sie die sanfte, goldbestickte Reinheit aufweist, die man gemeinhin mit den Gewändern von Heiligen oder Engeln verbindet. Man kann sie auch in Braun mit Gold bekommen, einer bei Blumen sehr seltenen Farbkombination, denn es ist ein echtes Braun: Das Braun des Cordsamts, mit der ganzen Tiefe des samtigen Flors. Aber ihre wahre Schönheit zeigt die Salpiglossis als geschnittene Blüte. Im Garten neigt sie dazu, ein wenig ungepflegt auszusehen, denn wenn sie nicht sorgfältig aufgebunden wird, leiden ihre zarten,

brüchigen Stengel schnell unter Wind oder Regenfällen; aber in einer Vase kann ihre Farbe voll zur Geltung kommen. Stellen Sie sie ans Fenster oder auf einen Tisch, wo sie von der Sonne beschienen werden kann, und dann fragen Sie sich, ob sie nicht doch der Mühe wert ist, die Sie auf ihre Pflege verwandt haben.

Versuchen Sie die Salpiglossis aus den gleichen Gründen im Winter als Topfpflanze zu ziehen. Diese Behandlung läßt sie höchst bereitwillig über sich ergehen. Selbstverständlich sollte sie es warm haben: Fünfzehn bis achtzehn Grad dürften eine angemessene Temperatur sein. Sie können sogar vor den ersten Frösten im Herbst ein paar Pflanzen aus dem Garten retten, eintopfen und zusehen, wie sie weiterwachsen, mit zunehmendem Alter sogar noch kräftiger werden. Ich habe das zwar selbst noch nie versucht, sehe aber keinen Grund, weshalb es nicht funktionieren sollte. Es ist mir mit anderen Blumen erfolgreich gelungen, warum also nicht auch mit der Salpiglossis? Experimente sind immer interessant, aber wenn Sie die Sicherheit vorziehen, dann geben Sie im September ein paar Samen in Töpfe, und ziehen Sie sie bei einer Temperatur, die Gärtner anschaulich als milde Wärme bezeichnen.

LILIUM AURATUM
GOLDBANDLILIE

Die Vielfalt der Lilien stellt für den Amateurgärtner ein Problem dar. Die Ratschläge in Gartenbüchern, von Zwiebellieferanten und Freunden reichen von Widersprüchlichkeiten bis zu
regelrechten Falschaussagen, was der Gärtner
in leidvoller Erfahrung erkennen wird. Ihm wird
geraten, die Zwiebeln flach und tief zu setzen,
er soll düngen und Dünger unter allen Umständen vermeiden, er soll sie in den Schatten pflanzen und die sonnigste Stelle im Garten suchen.
Die Madonnenlilie (*Lilium candidum*) ist das vielleicht sinnfälligste Beispiel für die erstaunliche
Kombination von Widersprüchen und Falschaussagen über die Lilie. Aus den widersprüch-
lichen Aussagen lernen wir, daß die Madonnenlilie a) unter einer großzügigen Mulchschicht
aus Dünger hervorragend gedeiht, und b) daß
Dünger die einzige Sache ist, die sie nicht aus-
stehen kann. Uns wird geraten, a) sie zwischen
andere Pflanzen zu setzen, damit ihr Fuß be-

schattet ist, und b) sie an eine Stelle zu setzen, wo ihre Zwiebeln in voller Sonne reifen können. Wir hören, c) daß wir die Zwiebeln alle zwei oder drei Jahre versetzen sollten, und d) sie unter gar keinen Umständen an einen neuen Platz zu bringen. Auf der Seite der Falschaussagen erfahren wir, daß die Madonnenlilie die am leichtesten zu ziehende Lilie von allen ist, und das ist, wie jeder weiß, der nicht das Glück hat, einen Cottagegarten sein eigen zu nennen, absolut und erbärmlich falsch.

Im Laufe der Zeit wurden viele Erklärungen dafür angeboten, warum die Madonnenlilie in Cottagegärten alljährlich glorreich wiederkehrt, während sie in den Gärten jener Leute dahinsiecht, deren Zuhause eher als Haus denn als Cottage zu bezeichnen ist. So wurde darauf hingewiesen, daß a) die Cottagebewohner gewohnheitsmäßig ihr Abwaschwasser auf die Lilien gießen, b) der über den Zaun fliegende Sand des passierenden Verkehrs den Pflanzen gut bekommt und c) die Zwiebeln jahrelang ungestört in der Erde ruhen. Nun bin ich gern bereit, literweise Seifenwasser auf meine Lilien zu schütten, eimerweise Sand von der Straßen herbeizuschleppen und vor allem, sie so viele Jahre an einem Platz zu belassen, wie es ihnen gefällt.

Nichts würde mir größeres Vergnügen bereiten, als eine Gruppe *Lilium candidum* von Jahr zu Jahr in der sicheren Zuversicht wachsen zu sehen, daß sie nicht gestört werden, solange es in meiner Macht steht, das zu verhindern. Kurz gesagt, ich bin nur zu bereit, ihnen jeden Dienst zu erweisen. Aber all meine bisherigen Bemühungen veranlassen mich zu der betrüblichen Erkenntnis, daß die Madonnenlilie wie der Wind ist – und der weht, wo es ihm gefällt.

Ich könnte noch sehr viel mehr zum Thema Madonnenlilie sagen, aber meine ursprüngliche Absicht bestand darin, über *Lilium auratum* zu schreiben. Weniger kapriziös als *Lilium candidum*, in der Tat ganz ohne jede Launen, gibt es eigentlich keinen Grund, weshalb die Goldbandlilie aus Japan nicht in all unseren Gärten blühen sollte. Es heißt, daß die Japaner ihre Zwiebeln genüßlich als Gemüse verzehren, so wie wir die Kartoffel oder die Artischocke, aber zu unserem Glück haben sie auch ihren kommerziellen Wert für europäische Gärten erkannt, und an den Hängen des Fudschijama wächst eine gewinnträchtige Ernte an Zwiebeln heran, die kurz nach Neujahr in England eintrifft. Es gibt zwei Möglichkeiten, diese Lilie erfolgreich heranzuziehen: im Freien, bevorzugt im Schutz von Sträuchern, oder im Topf. Mir gefällt die Verbindung von Lilien mit Sträuchern nicht besonders gut. Auf mich macht sie zu sehr den Eindruck von das-was-einem-gesagt-wurde-ist-immer-das-Richtige. Sie vermittelt zuviel von der abscheulichen Wirkung einer Strauchrabatte, die allen nur überdeutlich zu erkennen gibt, daß die Lilien nur deshalb hinzugefügt wurden, um nach dem Verblühen der Sträucher wenigstens noch ein wenig Aufmerksamkeit auf das Beet zu lenken. Das mag vielleicht ungerecht sein, da Sträucher Lilien tatsächlich einen idealen Schutz gewähren, aber ich hege dennoch eine persönliche Abneigung gegen ein solches Arrangement. Ich kann beispielsweise auch der Ansicht nicht folgen, daß Lilien vor dem Hintergrund von Rhododendren oder Azaleen ›edler‹ aussehen. Ich finde, sie erscheinen unvergleichlich vornehmer, wenn sie für sich allein in Töpfen oder Schalen, etwa auf einer Gartentreppe, stehen. Natürlich ist diese Methode ein wenig aufwendiger. Wir müssen die Töpfe an den gewünschten Standort tragen und sie während der gesamten Vegetationsperiode wässern. Dennoch lohnt sich die Mühe, und in der Nähe eines Sitzplatzes aufgestellt, ist allein ihr Duft Rechtfertigung genug.

Glücklicherweise sind sie einem Dasein im Topf sehr zugetan, vorausgesetzt er ist groß genug und enthält ausreichend Laubhumus und Torf. Es empfiehlt sich, den Zwiebeln schon beim Stecken Haltestäbe an die Seite zu stellen, da sie eine Höhe von bis zu zwei Metern erreichen können, besonders die *L. auratum var. platyphyllum*, die schönste von allen. Weißgolden und licht gekräuselt, entfaltet sie sich und öffnet ihren leopardenähnlich gefleckten Schlund in wahrhaft prachtvoller, überragender Arroganz.

Eine Anmerkung
zu den Blumen

Alle in diesem Buch beschriebenen Pflanzen sind ohne Schwierigkeiten von Staudengärtnern oder Blumenzwiebellieferanten zu beziehen, mit Ausnahme der Zinnien und Salpiglossis (die üblicherweise aus Samen gezogen werden) sowie der Gerbera, die zwar in den Katalogen der Staudengärtnereien aufgeführt, aber häufig auch als Topfpflanze in Blumengeschäften und Gartencentern angeboten wird. *Primula littoniana* und *Lilium giganteum* werden inzwischen jedoch unter ihren neuen und botanisch korrekteren Bezeichnungen *Primula vialii* beziehungsweise *Cardiocrinum giganteum* geführt. Zwischen britischen und deutschen Gärten gibt es nicht nur klimatische, sondern auch geschmackliche Unterschiede bei der Pflanzenauswahl. Doch für die Fälle, in denen Vita Sackville-West besonders in England beliebte Sorten und Varietäten genannt hat, braucht sich der deutsche Gartenliebhaber nicht in Verzicht zu üben: Die seit kurzem gelockerten Einfuhrbedingungen der Europäischen Union gestatten den problemlosen Import von Pflanzen aus Großbritannien.

Ein Wort zu den Klimaunterschieden: Vita Sackville-West beklagt sich häufig über die Sonnenarmut ihres Landes. England ist jedoch nicht nur sonnenärmer, sondern auch milder. Das Pflanzen von *Iris unguicularis*, *Punica granatum*, *Mutisia retusa* und *Gerbera jamesonii* im Freien ist in Deutschland nur in Weinanbaugebieten zu empfehlen.

Die Zeichnungen der *Rosa centifolia muscosa* und der *Rosa gallica* sind in Anlehnung an die Zentifolie und die weiterentwickelte Tuscany entstanden. Die deutschen Namen der Blumen erheben keinen Anspruch auf Allgemeingültigkeit, da sie regional sehr verschieden ausfallen. Für *Rosa moyesii*, *Rosa mundi* und *Iris unguicularis* konnten keine geläufigen deutschen Bezeichnungen ermittelt werden.

Bitte beachten Sie auch die folgende Seite

VITA SACKVILLE-WEST

Aus meinem Garten
Einfälle und Ratschläge

Ullstein Buch 34330

Von winterlichen Blüten im Januar bis zu den schönsten Christrosen im Dezember: In AUS MEINEM GARTEN begleitet Vita Sackville-West den Gartenliebhaber mit Ratschlägen, Erfahrungsberichten und Anregungen durch das Jahr.
Ihre Artikel über das Gärtnern, die sich in einer Auswahl in diesem Buch wiederfinden, haben den Ruhm der Autorin als »begnadeter Gärtnerin« begründet. Unnachahmlich in den genauen Naturbeobachtungen, dem persönlichen Ton der Beschreibungen und der Originalität und Schönheit der Sprache ist dieses Buch ein reizvoller Führer durch den Garten zu den verschiedenen Jahreszeiten.

ULLSTEIN